INHALT

Gewidmet

Matthias, Conny, Robs, Frank, Karin, Sven und
meinen Eltern

Uwe H., Spieler

Er sieht ihn an. So, wie man ein Mädchen anschaut, in das man verliebt ist. Verliebt gewesen ist. Ein Blick, so wie hinterher, wie dann, wenn einer den anderen nur hassen kann, aber vom anderen nicht lassen kann. Nicht merkend, wie einer den anderen verzehrt.

Dem Automaten gegenüber sitzt Uwe. Keine Sekunde läßt er das Gerät aus den Augen. Gebannt, unheilvoll angezogen, starrt er auf die drei Sonnen. Zehn Minuten lang. Uwe weiß, was er will. Er weiß, daß er nicht will. Seine Hand gleitet in die Hosentasche. Wie nebenbei. Sie findet ein Fünfmarkstück, zieht es heraus, wirft es in den Schlitz.

Dir zeig ich's! Dich mach ich leer! Du hast keine Chance. Ich drücke dich hoch. Ich habe dich beobachtet. Was willst du denn? Ich kann dich bezwingen. Ich stecke dich in die Tasche.

Uwes Daumen drückt auf die Risikotaste. Er verdoppelt, vervierfacht, verachtfacht, versechzehnfacht – Feld NICHTS leuchtet auf.

Die Walzen erstarren. Die 5 DM sind durchgespielt. Uwe denkt nicht mehr. Er zieht sein Portemonnaie aus der Tasche, fingert einen Fünfziger heraus und wechselt.

»Zehn Stück!«

Stücke, deren Wert verschwindet. Futter für eine dreiviertel Stunde Spiel. Stück um Stück verschwindet.

200 DM. Und Uwe denkt ans Gewinnen. Gegen den Automaten gewinnen. Der ist längst mehr als nur eine Maschine. Ein persönlicher Feind. Es gilt, ihn zu besiegen. Fertigmachen.

50 Sonderspiele, 60 DM.

»Ich habe gewonnen, gewonnen! Jetzt will ich mehr. Ich wußte, ich kann gewinnen gegen dich. Ich hatte recht. Ich habe gewonnen. Jetzt zeige ich's dir, endgültig!«

140 DM Differenz, wohin?

Zwei Stunden später hat Uwe seine letzten 100 DM verspielt. Nichts mehr gewonnen. Hektisch versucht er, sich bei den anderen Geld zu leihen. Für einen Idioten wird er sich erst zu Hause halten.

Und morgen kommt er wieder, ohne selbst zu wissen, warum.

1

»Starlight« – allein in der Masse

»Uwe, kommst du heute abend mit ins ›Starlight‹?«

Natürlich sage ich ja. Ins »Starlight«! Mann, in die Disco – ich! Bin ich aufgeregt! Nachmittags komme ich nicht zur Ruhe. Als erstes wasche ich mir die Haare. Die nasse Mähne kämme ich von vorn nach hinten, von hinten nach vorn, von links nach rechts und wieder zurück. Welche Hose ziehe ich an? Welches Hemd? Oder doch lieber ein T-Shirt? Sportlich-locker oder ausgeflippt und auffällig? Was trägt man wohl in der Disco? Auf jeden Fall cool. Lässig muß es schon wirken. Und es darf nicht nach allzuviel Mühe aussehen.

Martin, mein bester Freund, holt mich ab.

Im Auto löchere ich ihn. Wie ist es in der Disco? Was macht man? Was sagt man? Sind viele Leute da? Mädchen? Auf die ersten zwei oder drei Fragen antwortet er geduldig, danach folgt genervtes Schweigen.

Laute Musik dröhnt durch die Tür unter dem leuchtenden Schriftzug STARLIGHT. Der Eingang ist in Schwarzlicht getaucht. Alle hellen Kleidungsstücke leuchten neonfarben. Wir zahlen, bekommen einen Stempel auf die Hand gedrückt und gehen hinein.

An einer langen Theke auf der rechten Seite stehen ein paar Leute und trinken Bier. Links gibt es eine Menge gemütlicher kleiner Nischen. Dort sitzen entweder Cliquen mit sieben, acht Leuten oder engumschlungene Liebespaare. Quer durch die Nischen führt ein schmaler Gang zur Tanzfläche.

Martin geht zur Tanzfläche, ich hinterher. Er begrüßt verschiedene Leute, unterhält sich mit ihnen. Ich verstehe kein Wort, die Musik ist zu laut. Das Flackern der Lichtorgel und die verqualmte Luft irritieren mich. Trotzdem halte ich mich an Martin. Klebe an ihm wie eine Klette. Nach einer halben Stunde komme ich mir blöd vor. Martin scheint auch nicht sonderlich begeistert, mich ständig im Schlepptau zu haben. Zögernd schiebe ich mich durchs »Starlight«. An die Wände gelehnt, auf der Tanzfläche, an der Theke, in den Nischen, überall stehen oder sitzen Menschen. 300? 400? Ich finde nicht den Mut, jemanden anzusprechen. Mich spricht auch keiner an.

Als ich drei Runden gedreht habe, verkrieche ich mich in eine Ecke. Dort stehen ein Flippergerät und ein Telespiel. Ich beobachte den Flipperspieler, der mit zwei kleinen Schlägern eine Metallkugel hin und her bugsiert. Es ist schon spannend, wie er die Kugel schießt und wie sie von den Federn zurückprallt.

Der Junge, er ist so um die siebzehn, gewinnt ein Freispiel. Er guckt mich an.

»Willste mitspielen?«

»Gerne!«

Ich lege Geld dazu und freue mich, endlich mit jemandem Kontakt zu haben.

Das war 1980. Kurz vor meinem sechzehnten Geburtstag. Ich war Schüler, Gymnasiast. Kein guter Schüler. Im Unterricht war ich still – im Umgang mit meinen Klassenkameraden und überhaupt Menschen gegenüber gehemmt. Ganz besonders, was Mädchen anging. Gerne hätte ich mich mal mit einem unterhalten, aber ich bekam den Mund nicht auf. Ein Mädchen anzusprechen wurde mein größter Wunsch, gleichzeitig war es eine schier unüberwindbare Hürde.

In der Grundschule war ich ein sehr guter Schüler; mich interessierten nur Schule, Lernen und Lesen. Auf dem Gymnasium änderte sich das schnell. Meine Noten wurden schlechter. Was mir früher zugefallen war, mußte ich mir jetzt erarbeiten. Ich kam in eine große Krise.

Vorbei die Zeit als Klassenbester. Es dauerte nicht lange,

und ich gehörte zur schlechteren Hälfte. Ich mußte eine neue Rolle einnehmen, mich in fremder Umgebung zurechtfinden. Aus meiner Grundschulklasse war niemand mitgekommen, ich mußte also auch noch neue Freunde finden. Doch da waren, wie gesagt, meine Schwierigkeiten mit der Kontaktaufnahme. Ich war einfach zu schüchtern.

Ich begann, meine Probleme durch Raufereien zu überspielen. Bei jeder Prügelei war ich dabei. Regelmäßig ärgerte ich meine Mitschüler, ganz besonders die Mädchen. Meine neue Rolle als Stänkerer und Schläger festigte sich schnell. Besonders schlimm ärgerte und schlug ich Schüler aus den unteren Klassen. Einige hatten meinetwegen schon Angst, überhaupt in die Schule zu kommen.

Je brutaler und gemeiner ich mich gab, desto einsamer wurde ich. Mein Versuch, die Kontaktschwierigkeiten zu überbrücken, schlug ins Gegenteil um. Meine Mitschüler zogen sich von mir zurück. Noch heute habe ich den immer wiederkehrenden Satz im Ohr:

»Heimowski – schon wieder!«

Das machte mich noch aggressiver.

Martin war mein einziger Freund. Er nahm damals die wichtigste Stellung in meinem Leben ein. Wir wohnten in einem kleinen 150-Seelen-Dörfchen in Nordfriesland, nahe der dänischen Grenze. Meine Mutter und mein Stiefvater kamen ursprünglich aus Niedersachsen; das verließen sie bald nach ihrer Heirat – beide hatten schon eine Scheidung hinter sich. Im Dorf wohnten drei Jungen in meinem Alter. Zwei von ihnen hatten gleich die erste Begegnung benutzt, um mich zu verprügeln. Der dritte, Martin, hatte mir geholfen. Von da an war er mein Freund.

Mit der Zeit, besonders in der Pubertät, wurde er mein großes Vorbild, mein Idol. Was Martin machte, das wollte ich auch. Die zwei Jahre Altersunterschied störten mich wenig.

Martin war Fußballfan, also wurde Uwe Fußballfan. Ich

eiferte ihm natürlich immer so nach, daß er möglichst nichts davon merkte. So war er Anhänger des Hamburger SV, ich schlug mich auf die Seite des FC Bayern-München – obwohl ich über beide Vereine absolut nichts wußte. Fußball hatte mich bis dahin keinen Deut interessiert. Jetzt wurde er meine große Leidenschaft. Nach dem Unterricht spielten wir auf unserem Bolzplatz, wenn irgend möglich, jeden Tag. In der Schule spielte ich Pause für Pause mit dem Tennisball auf dem Hof. Ich trat auch einem Verein bei. Leider war ich kein sehr guter Spieler. Um so größer war das Erfolgserlebnis, wenn ich einmal ein Tor schoß – wenn nicht, reagierte ich meinen Ärger an den Kleinen ab.

Martin war auf einer anderen Schule. Da gingen fast alle am Wochenende in die Disco, rauchten, tranken und hatte eine Freundin. Er erzählte oft davon. Ich begann, mir diese Geschichten in der Phantasie weiter auszumalen. Sobald ich allein war, träumte ich von mir als großem Fußballstar. Bei jedem Erscheinen in der Disco von unzähligen Mädchen umschwärmt und angehimmelt. Ich verlor schnell die Kontrolle über diese Gedanken. Zusätzlich angeregt durch Bilder aus Pornoheften, die immer wieder kursierten, hatten sie bald nur noch ein Richtung: Geschlechtsverkehr. In meinen Tagträumen dachte ich mir die verrücktesten Situationen mit Mädchen aus; sie spielten sich alle im Bett ab. Dabei suchte ich ganz etwas anderes. Geborgenheit, eine Freundin, die mir den Arm um die Schulter legte und sagte: »Uwe, ich mag dich.«

Phantasie und Wirklichkeit unterschieden sich nur allzu deutlich. Die Disco wurde für mich immer mehr zum Alptraum. Hier, wo ich junge Leute und vor allem Mädchen kennenlernen wollte – kein Kontakt. Körperliche Nähe gab es genug, etwa auf der Tanzfläche. Und doch war zwischen uns Menschen eine riesige Kluft. Ich konnte mich nicht dazu überwinden, jemanden anzusprechen. Und es blieb dabei: Mich sprach auch keiner an. Merkwürdig, den anderen schien es nicht so zu gehen. Martin erzählte immer wieder von Mädchen, die auf ihn zukamen.

Die Flippernische wurde zum ständigen Aufenthaltsort meiner »Starlight«-Abende. Hier wurde gesprochen. Thema war immer nur das Flippern, aber immerhin, wir redeten. Ich flipperte oft und konnte es nach einer Weile recht gut. Hier hatte ich endlich die lang ersehnten Erfolgserlebnisse, die in Schule und Fußballverein so dünn gesät waren.

Dabei überkam mich oft richtige Angst, wenn wir abends losfuhren. Angst, wieder niemanden kennenzulernen, wieder allein in der Masse zu sein. Um wenigstens flippern zu können, stahl ich Geld aus dem Portemonnaie meiner Mutter oder ließ in Geschäften Zigaretten mitgehen, die ich dann verkaufte.

Trotz der Ängste war ich etwa ein Jahr nach meinem ersten »Starlight«-Besuch regelmäßiger Discothekengänger. Wohin sonst? Keine Woche, in der ich nicht zwei-, dreimal unterwegs war.

Über das Alleinsein schrieb ich damals:

Einsam

Stimmengemurmel
viele, viele Worte
für dich:
kein Sinn

Augenzwinkern
viele schöne Augen
viele, viele Blicke
keiner schaut dich an

Gedanken
um Dinge
um tausend Dinge
um Menschen
um tausend Menschen

Nur dich
hören
sehen
denken sie nicht

denkst du.

Meine Eltern wußten nichts von meinen Ausflügen, ich schlich mich heimlich aus dem Zimmer und kletterte über die Terrasse. Sie ahnten nur, daß etwas nicht stimmte, denn ich war dauernd müde, und in der Schule wurde ich immer schlechter.

Apfelkorn und Joints

Wir feierten unser jährliches Dorffest. Es war ein schöner, lauer Herbstabend. Ein leichter Wind ging. Der Himmel war sternenklar, ohne Wolken. Auf dem Bolzplatz stand ein Grill, und der Kneipenwirt verkaufte Würstchen und Getränke. Aus Strohballen war ein Rondell gelegt worden, viel Platz zum Tanzen in der Mitte. Etwas abseits türmte sich ein Berg aus Holz fürs Lagerfeuer. Aus einem kleinen Zelt klang Tanzmusik. Die anfangs etwas steife Atmosphäre gab sich bald. Es wurde getrunken, gesungen, getanzt. Das ganze Dorf und viele Leute aus den umliegenden Orten kamen zusammen.

Ich aß Wurst und trank Fanta. Ich war strikter Antialkoholiker, nicht einen Tropfen rührte ich an. In der Schule hatte ich genug über die Folgen von Alkohol und Nikotin gehört. Dann die Auswirkungen in meiner Familie: Die erste Ehe meiner Mutter war geschieden, weil der Mann, mein Vater, getrunken hatte; meine älteren Geschwister hatten Schwierigkeiten mit dem Alkohol gehabt. Nein, ich würde erst gar nicht damit anfangen.

Eine Nachbarin überredete mich zu einem Glas Apfelkorn. »Du bist doch schließlich konfirmiert.«

Es brannte furchtbar im Hals, aber irgendwie schmeckte es auch. Und dann wurde es richtig abenteuerlich. Wie stark ich mir auf einmal vorkam – und so erwachsen! Ich trank noch ein Glas. Dann noch eins und noch eins ...

Am Morgen erwachte ich mit starken Kopfschmerzen. In meinem Zimmer stank es entsetzlich. Ich erschrak. Mein Bett sah ekelhaft aus. Der Apfelkorn war mir im wahrsten Sinne des Wortes »oben und unten« herausgekommen. Ohne nachzudenken – dazu war ich noch zu voll – legte ich mich ins Wohnzimmer und schlief weiter. Die entsetzte Stimme meiner Mutter weckte mich.

Eine solche Erfahrung kann sicherlich manchen zum Abstinenzler machen. Mich beherrschte ein ganz anderer Gedanke, dem selbst meine Schamgefühle und die Moralpredigten meiner Eltern nichts anhaben konnten. »Beim nächsten Mal gehe ich früher zum Klo.«

Das Erlebnis vom Vorabend hatte mich nicht etwa abgeschreckt, nein, es hatte mich gepackt. Nach ein paar Gläsern war ich mutig geworden, redselig und kontaktfreudig. Ich hatte erzählt, Witze gemacht und mit jedermann angestoßen. Alle hatten gestaunt, wieviel ich vertragen konnte. Das wollte ich wieder erleben!

Die Situation in der Disco änderte sich. Die Flipperecke war nur noch Übergang. Hier trank ich zwei, drei Flaschen Bier, dann stürmte ich auf die Tanzfläche. Ab einem gewissen Alkoholspiegel verschwanden meine Hemmungen. Ich sprach Leute an! Wir tranken, und dann legten wir los. Wir hüpften und drehten uns und brüllten die Texte unserer Hits mit. Ein Song der Gruppe *Hans-(A)-Plast* war der große Renner. Wir schrien den Refrain heraus:

Ich will nicht glücklich sein,
weil der Film noch nicht zu Ende ist.
Ich will nicht glücklich sein,
denn das Glück kommt immer erst am Schluß.
Das Glück, die Umarmung, der Kuß,
Happy-End!
Spielfilm, Spielfilm
ich will nicht glücklich sein.

Das war so etwas wie eine Rechtfertigung: Ich bin unglücklich, weil ich gar nicht glücklich sein will; ich könnte, wenn ich wollte, aber ich will nicht. In Wirklichkeit wünschte ich mir Glück, es war mein Sehnen, mein Verlangen, mein Alles: Glück, Vertrauen, Angenommensein, Geborgenheit. Aber ich wußte nicht, was ich dafür tun konnte.

In meiner Familie gab es reichlich Probleme: Spannungen zwischen Kindern und Eltern und eine Menge anderer Schwierigkeiten. Unseren Stiefvater sahen wir Kinder nur kurz am Abend, er arbeitete, klotzte Überstunden. Meine Mutter genauso. Sie mühte sich den ganzen Tag ab, kochte, putzte, wusch. Ich weiß heute, daß sie es mit guter Absicht machten. Wir Kinder sollten es besser haben. Aber damals sah ich das nicht oder wollte es nicht sehen. Ich half nie; wenn ich es sollte, machte ich es einfach nicht; meine Eltern kamen nicht dagegen an. Statt dessen sah ich fern. Sobald ich zu Hause war, hockte ich vor der Mattscheibe. Doch immer blieb ein fader Beigeschmack. Das war nicht das, was ich mir unter Glück vorstellte.

Und dann die Schule. Ich, der Hoffnungsträger der Familie, der große Stolz meiner Mutter, seit Generationen der erste, der auf eine höhere Schule ging. Ein potentieller Akademiker. Und was tat ich? Ich versagte. Meine Noten wurden immer schlechter. Glücklich war ich nicht.

Klassenkameraden, die mich schnitten, Ärger mit den Lehrern, meine ständigen Sticheleien mit den Kleineren im Bus, in der Schule. Die Einsamkeit und meine Hemmungen, die nur verflogen, wenn ich genügend Promille intus hatte. Glück?

Was war denn Glück? Wo war denn Glück? Gab es das überhaupt?

Laut sang ich: Ich will nicht glücklich sein – leise: und du sollst auch nicht glücklich sein – und trat beim Tanzen meinem Nebenmann vors Schienbein.

Erster Schultag nach den Ferien. Erwartungsvoll kamen wir in die Klasse. Neue Lehrer, neue Gesichter.

Karsten hatte sich am meisten verändert. Noch vor sechs Wochen hatte er stets korrekte Kleidung getragen. Markenzeichen: Hemd, Bügelfalten und Hausaufgaben. Die machte er regelmäßig. »Streber!« war unser vernichtendes Urteil. Ich verprügelte ihn mit Vorliebe.

Wir staunten nicht schlecht, als er jetzt in die Klasse kam. Seine Haare waren länger geworden. Er trug eine Pumphose und eine indische Baumwolljacke. Am Ohrläppchen baumelte ein großer Ohrring.

Nicht nur sein Aussehen, auch sein gesamtes Auftreten veränderte sich: vom stillen, unauffälligen Schüler zum »coolen Typen«. Er machte keine Hausaufgaben mehr, kam fast jede Stunde zu spät in den Unterricht. Einen lockeren Spruch gegen die Lehrer hatte er immer drauf. Deren ärgerliche Reaktionen, die Eintragungen ins Klassenbuch, seine schlechten Noten – ihn schien das alles nicht zu berühren. Das imponierte mir mächtig. Mein Verhalten in der Schule war nicht viel anders. Ich kam auch selten pünktlich, meistens spielte ich Fußball. Mit meinem frechen und vorlauten Mundwerk – den Lehrern patzige Antworten zu geben, war ich komischerweise immer mutig genug – sammelte ich eine Menge Rügen und Tadel. Meine Noten wurden auch immer schlechter. Trotzdem gab es einen entscheidenden Unterschied: Mich belastete das, Karsten schien es völlig kalt zu lassen. Ich regte mich dauernd auf, schrie Lehrer und Mitschüler an, Karsten war die Ruhe selbst. Jedenfalls sah es so aus.

Er ging auch in eine Disco. Den »Trichter«. Oft erzählte er davon. Dort schien es anders zuzugehen als im »Starlight«. Anderes Publikum, andere Musik, andere Stimmung. Einmal soll angeblich ein Nackter da gewesen sein. Niemand hatte sich daran gestört.

Nicht nur Karsten, auch die meisten älteren Schüler schwärmten vom »Trichter«. Von der »toleranten Stimmung«.

»Da haschen sie«, sagte meine Mutter.

Der »Trichter« wurde mein neues Ziel. Einige Abende fuhr ich mit Martin hin, dann mit Tom. Er wohnte in der Nähe und ging in meine Klasse. Früher hatten wir wenig Kontakt gehabt, höchstens bei gemeinsamen Busfahrten und bei gelegentlichen Besuchen. Weil ich Schlägereien anzettelte und Ladendiebstahl beging, hatte er mich meistens geschnitten. Durch Karsten und den »Trichter« waren wir nun öfters zusammen. Er holte mich abends mit einem Mofa ab. Ich saß auf dem Fahrrad und hielt mich an seiner Schulter fest.

Der »Trichter« machte zu. Es war halb zwei Uhr nachts.

»Ich hab noch kein Bock nach Hause.«

»Ich auch nicht.«

»Machen wir doch noch was.«

»Was denn?«

»Weiß nich.«

»Fahr'n wir doch zu mir.«

»Okay.«

»Einverstanden.«

»Alles klar.«

Tom und ich fuhren mit zu Karsten. Er legte Musik auf: Ton, Steine, Scherben. »Haut den Bullen auf die Schnauzen.« Nach einer Weile flüsterte Karsten Tom etwas zu. Die beiden taten sehr geheimnisvoll. Karsten holte einen kleinen Silberpapierklumpen aus der Tasche. Mein Atem stockte. Was die wohl vorhatten? Ob ...?

»Haste schon mal gekifft?«

»Nee.«

»Willste?«

Ich hatte Angst. Rauschgift. Wie hieß es doch überall: Mit Hasch fängste an – bald hängste an der Nadel dran. Ich wollte nein sagen. Aber wie hätte ich denn dagestanden? Und dann dieser Reiz! Hasch rauchen, das tat schließlich nicht jeder.

Stumm nickte ich.

Tom faltete das Silberpapier auseinander. Ein grüner Klumpen kam zum Vorschein. Haschisch. Er baute einen Joint. Ein spannendes Zeremoniell. Ich war überrascht, wie gut Tom es beherrschte. Er sah mich an.

»Willste anrauchen?«

Ich schüttelte den Kopf. Karsten nahm den Joint, Tom gab ihm Feuer. Karsten machte ein paar Züge, gab ihn dann Tom, der gab ihn mir. Ich zitterte, machte einen kurzen Zug. Der Rauch biß in Mund und Hals. Ich hustete. Tom erklärte mir, wie ich ziehen müßte. Zweimal zog ich noch, gab dann weiter an Karsten. Das »Dope«* kreiste. Nach drei oder vier Runden legte Tom den Rest in den Aschenbecher und drückte den Joint aus. Er sank zurück in seinen Sessel. Auf seinem Gesicht lag ein eigenartiges Lächeln, so ein Grinsen, wie aus weiter Ferne. Mit merkwürdig getragener Stimme fing Karsten an zu schwärmen: »Alles voller Farben, Mann. Eh, ich hab voll den Farbenflash. Das ganze Zimmer ist bunt. Wow!«

Mir war nur schlecht, mein Hals kratzte und mein Magen rebellierte. Nichts war mit »high-feeling«. Das hatte ich mir anders vorgestellt. Wenn ich schon das Risiko einging, Drogen zu nehmen, dann wollte ich wenigstens was erleben. Dazu noch die Schwärmerei von Karsten. Ich war

---

* umgangssprachlich für: Rauschgift, Droge

stinksauer. Ach, hätte ich doch gemütlich in meinem Bett gelegen! Was hatte ich nicht alles vom Kiffen gehört: Dein Bewußtsein wird erweitert, du schwebst in höheren Sphären, da sind alle deine Sorgen weg. Du hast wundervolle Träume. Pustekuchen. Nix war. Mir war schlecht.

Am nächsten Tag standen wir in einer Ecke des Schulhofs. Karsten und Tom erzählten begeistert vom Vorabend. Wie gut der »Shit reingezogen« hätte. Eine Weile stand ich wortlos daneben. Dann nahm ich allen Mut zusammen und sagte: »Ich hab das gar nicht so toll erlebt, mir ist schlecht geworden.«

»Das ist ganz normal. Du mußt erst ein paarmal geraucht haben. Dann wird's besser.«

Ich rauchte. Insgesamt drei Jahre lang, mindestens einmal pro Woche, meistens öfter. So, wie man mir das Haschrauchen beschrieben hatte, wurde es nie. Jedesmal hatte ich wieder Hustenanfälle, immer drehte sich mir der Magen um. Nach dem vierten Versuch änderte sich aber wirklich etwas. Ich wurde völlig lahm. Irgendwie tranig müde, aber ohne schlafen zu wollen. Ein eigenartiger Dämmerzustand setzte ein. Mir war alles egal. Meine Sorgen, meine Probleme, meine Ängste, alles egal. Sie ließen mich kalt. Glücklich war ich deswegen trotzdem nicht. Aber das nahm ich auch nicht mehr wahr. Es gab weder Trauer, noch Ärger, noch Glück. Ich war einfach weggetreten. Das Aufwachen war furchtbar. Da stand er wieder, der Berg Frust.

Mein Leben verlief zweigleisig.

Die eine Schiene war die Disco. Die Welt im »Trichter« und im »Starlight«. Alkohol, Hasch und bald auch Tabletten. Wir lasen das Buch »Christiane F.: Wir Kinder vom Bahnhof Zoo«. Sie beschrieb, welche Medikamente es rezeptfrei in der Apotheke gab. Sicherlich wollte sie uns warnen, aber wir sahen das nicht so und besorgten uns die erwähnten Tabletten. Gelegentlich waren andere Drogen im

Umlauf. Ich rauchte einmal Opium, schluckte einmal eine ganze Handvoll Valium-Tabletten. Andere gingen weiter, einer löste Valium auf und spritzte es. Unter den Punks kreisten LSD-Trips.

Das Kiffen blieb nicht auf den »Trichter« beschränkt. In der Schule bildete sich ein Kreis. Manchmal trafen sich bis zu zehn Leute in der Pause auf dem Klo. Ich klaute Wein im Supermarkt, Karsten und Tom brachten »Dope« mit, andere Tabletten.

Die zweite Schiene war der Fußball. Und mit dem Fußball auch immer mehr Alkohol. Bei unseren Spielen am Nachmittag hatten Martin und ich oft eine Flasche Cola-Whisky hinter dem Tor. Jedes Vereins-Training fand seine Fortsetzung in der Kneipe. Stiefeltrinken war angesagt. Wer als vorletzter trank oder bei wem es gluckste, mußte das nächste Glas bezahlen. Ein Zwei-Liter-Glas kreiste. Nach den Punktspielen stand die Kiste Flensburger parat. Vom Sieg über den Geburtstag bis zu den neuen Fußballschuhen: Kein Anlaß, um »einen auszugeben«, wurde ausgelassen. Ein plattdeutscher Witz kreiste:

»Sag mal einen Satz mit ›Kunst‹ am Anfang.«

»Kunst mol een utgeben« – kannst mal einen ausgeben.

Um einige im Verein entstand eine Clique. Es wurde eine Bude gebaut. Dort traf man sich, Feten wurden veranstaltet. Jeden Abend war ein Treffen. Zu Trinken stand immer etwas auf dem Tisch. Wir hatten zwei Themen: Fußball und Mädchen. Ich ging oft in die Bude. Zu jeder Fete und abends vorm »Trichter«; der öffnete erst um 22.00 Uhr.

Meine ohnehin schon schlechten Leistungen in der Schule fielen noch weiter ab. Oft kam ich erst morgens um sechs Uhr nach Hause, um Viertel nach weckte mich meine Mutter. Im Unterricht war ich hundemüde. Meist schlief ich ein oder ging gar nicht erst hin. Beim Flippern im Café Paysen ließ es sich viel leichter wach bleiben. Wenn ich da war, dann oft nur körperlich – betrunken oder auf eine andere Weise »zu«. Nachdem ich bereits die siebte Klasse wiederholt hatte, blieb ich auch in der neunten Klasse sitzen.

Einschnitte

Kurz vor meinem achtzehnten Geburtstag gab es in meinem Leben einige einschneidende Veränderungen. Eine Reihe von Gründen kamen zusammen.

Meine Eltern hatten von meinen nächtlichen Touren erfahren. Ein Nachbar hatte beobachtet, wie ich abends aus dem Haus schlich. Auch vom Hasch hatte ihnen jemand erzählt. Sie hatten sich schon lange Gedanken gemacht, was mit mir los war, aber auf ihre Fragen hatte ich nicht geantwortet. Sie dachten, ich schliefe jede Nacht in meinem Bett. Nur an Wochenenden hatten sie mich gelegentlich betrunken erlebt, oder nach dem Training. Das hatten sie aber toleriert. Ich war nie ausfällig geworden, und außerdem war »mal« zu trinken ja ganz normal. Als sie vom Hasch erfuhren, waren sie überzeugt, ich sei drogensüchtig. Es war mitten in den Sommerferien. Zur »Entziehungskur« schickten meine Eltern mich zwei Wochen zu meinem großen Bruder. Entzugserscheinungen hatte ich nicht. Ich war nicht in dem Sinne süchtig, daß ich unbedingt Hasch gebraucht hätte. Meinen Eltern zuliebe versprach ich, nicht mehr zu kiffen, dafür fing ich an, Zigaretten zu rauchen.

Ein neuer Lehrer übernahm unsere Klasse, Herr Z. Er unterrichtete uns in Deutsch. Ein Mann mit starkem sozialen Engagement. Er war mir früher schon einmal begegnet und hatte großen Eindruck auf mich gemacht.

Das kam so: Auf dem Schulhof hatte es eine Schlägerei gegeben. Ich hatte jemandem ins Gesicht geboxt, er war hingefallen, mit dem Kopf aufs Pflaster. Sofort kam er mit Verdacht auf Gehirnerschütterung ins Krankenhaus. Meine Mitschüler wandten sich noch mehr von mir ab. Ich stand alleine da, voller Selbstvorwürfe. Die Schuld drückte, aber es war ja leider nicht rückgängig zu machen. Ich war verzweifelt.

Herr Z. hatte die Aufgabe übernommen, in der Klasse etwas zu den Geschehnissen zu sagen. Er beschönigte nichts. Er sprach von Schuld, warf mir knallhart meine Fehler vor – nicht nur diesen (aus der Lehrerkonferenz wußte er von meinen anderen Rüpeleien), sagte mir, was ich falsch gemacht hätte und auch, wo und wie ich mich ändern müßte, um nicht von der Schule zu fliegen. Zunächst bekam ich einen Verweis. Herr Z. schloß einen Teil für meine Mitschüler an. Man dürfe niemand wegen eines Fehlers verurteilen, sagte er, jeder Mensch habe das Recht zu einem Neuanfang. Diese Worte beeindruckten mich tief. Ich vergaß sie nie. Da war einer, der unterschied zwischen meinem Handeln und meiner eigentlichen Person. Er lehnte die Tat ab, aber mich nahm er an. So etwas hatte ich bisher noch nie erlebt.

Herr Z. wurde mein Vorbild. Deutsch wurde mein Lieblingsfach. Sogar noch vor Sport. Ich interessierte mich für den Unterricht, begann, mich konstruktiv zu beteiligen, machte sogar Hausaufgaben. Ich las wieder: Böll, Borchert, Lenz. Plenzdorfs »Neue Leiden des jungen W.« verschlang ich, mit Begeisterung las ich Frischs »Andorra« und Dürrenmatts »Besuch der alten Dame«. Ich machte mit in der Schülervertretung, besuchte Podiumsdiskussionen, Veranstaltungen vom Bund für Umwelt und Naturschutz (BUND) und Greenpeace.

Dabei entwickelte ich eine gute Ausdrucksfähigkeit und Schlagfertigkeit. Reden, diskutieren, nur das zählte noch. Besonders genoß ich es, durch geschickte Redewendungen und abstrakte Argumente meine Gegner – es gab für mich nur Gegner, Diskussionen waren Kämpfe – auseinanderzunehmen. In dieser Arena trug ich Siege davon, hier fühlte ich mich bestätigt. Ich merkte, daß sich mit respektlosem Verhalten gegenüber vermeintlichen Autoritäten gut Eindruck schinden ließ. Natürlich ließ ich mir keine Gelegenheit dazu entgehen. Lange Zeit dachte ich voller Stolz an einen Diskussionsabend zurück. Der lokale CDU-Bundestagsabgeordnete stellte sein Programm vor. Er begann auf Plattdeutsch, was ich sofort zum Anlaß für meine negative Kritik nahm:

»Wäre es ihnen möglich, Ihrer Sympathie erheischenden Verbundenheitsbekundung anders als auf platt nachzukommen? Ich verstehe leider kein Wort.«

Das war nicht nur gelogen, sondern schlicht blöd.

In den Schulpausen hatte ich jetzt anderes zu tun, als Fußball zu spielen oder zu kiffen. Ich philosophierte und politisierte in der Raucherecke. Ich entdeckte: Will man Leute auf seine Seite ziehen und von einer Meinung überzeugen, dann kommt es weniger darauf an, was man sagt, als vielmehr darauf, wie man es sagt. Zwei Methoden waren besonders erfolgreich. Erstens: die Argumente des anderen aushöhlen, ihn auseinandernehmen und dabei Lacher erzeugen. Zweitens: die eigene Meinung mit Bestimmtheit vortragen, schon durch die Betonung keinen Platz zur Widerrede einräumen. Ich gewöhnte mir an, zu allem »meinen Senf dazuzugeben«. Hauptsache, es hörte sich gut und sicher an. Oft griff ich Zahlen und Fakten einfach aus der Luft, so wie ich sie brauchte. Selten bemerkte das jemand; wenn doch, wurde es ganz schön peinlich. Zum Glück hatte ich meistens eine Ausrede parat.

Mit Mädchen hatte ich trotz aller Anstrengungen bisher kein Glück gehabt. Bisher kannte ich nur das Zusammensein für einen Abend. Acht Wochen war mein einsamer Rekord, länger hatte es nie gehalten.

Dann lernte ich Sonja kennen. Die erste Begegnung war typisch. Ich war stark angetrunken und machte Annäherungsversuche. Ihre Reaktion verblüffte mich, selbst durch den Cola-Whisky-Nebel hindurch. Sie sagte: »Du, ich finde dich ja echt süß, aber wenn du wirklich was von mir willst, dann ruf mich morgen an, nüchtern.«

Sie zückte Zettel und Stift.

»Hier, meine Telefonnummer.«

Sprach's und fuhr nach Hause.

Das war ein ähnliches Erlebnis wie mit Herrn Z. Auch Sonja sah durch mein miserables Benehmen hindurch, trennte es von mir und versuchte, *mich* zu sehen. Wieder jemand, der Verhalten und Mensch nicht gleichsetzte, wieder jemand, der an den guten Kern in mir glaubte. Und schließlich gab es den ja auch – dachte ich.

Am nächsten Tag hatte ich nur einen Gedanken: Sie anzurufen. Nüchtern telefonieren, das war schon was anderes, als in der Disco nach drei Flaschen Bier ein Mädchen anzusprechen.

Wir verabredeten uns. Am nächsten Tag besuchte ich sie. Ich war nervös wie nie. Eine Beziehung anfangen, wie macht man das? Auf Feten schmuste man irgendwann miteinander, und keiner hatte so richtig mitgekriegt, wie das passiert war. Am nächsten Tag war man zusammen oder nicht, je nachdem, ob man noch Lust hatte. Aber jetzt? Es war ganz anders. Au Backe, war ich schüchtern. Nach Minuten des Schweigens und Schluckens fragte ich endlich, langsam und stockend:

»Willst du mit mir gehen?«

»Ja«, sagte sie und gab mir einen Kuß.

Sonja wurde der Mittelpunkt meines Lebens. Jeden Tag schwang ich mich auf mein Fahrrad, fuhr dreizehn Kilometer und besuchte sie. Später, als ich Führerschein und Auto hatte (meine Eltern hatten für mich gespart), holte ich sie ab, und wir verbrachten die Tage bei mir. Meine Eltern waren froh. Sie mochten Sonja, und ich war endlich zu Hause.

Wir lasen viel miteinander. Wolfgang Borchert war für

uns das Höchste. Politisch standen wir uns sehr nah. Sie war erklärter Pazifist und wollte Gutes tun. Nach Mittlerer Reife und Praktikum begann sie deshalb eine Ausbildung als Krankenschwester.

Wir verstanden uns bestens und schmiedeten bald Zukunfts- und Heiratspläne. Doch nach etwa einem halben Jahr kamen erste Streitereien auf. Sie wurden heftiger. Anfangs sprachen wir darüber und klärten die Situationen. Mit der Zeit hatten wir es satt, dies ewige Gequatsche über dieselben Sachen. Wir schrien uns an und »versöhnten« uns dann im Bett. Weil keine Aussprache, geschweige denn bei einem von uns eine Einsicht da war, söhnten wir uns nie richtig aus. Die Meinungsverschiedenheiten schwelten untergründig weiter – ein falsches Wort, und der ganze Streit flammte wieder auf. Aus Angst, etwas falsch zu machen, sagten wir bald nichts mehr. Die Beziehung schrumpfte auf das rein Körperliche zusammen. Sie war faktisch tot.

Wir litten beide unter diesem Druck. Ständig machte einer von uns beiden Schluß und rief kurz darauf wieder reumütig beim anderen an. Aber was blieb uns auch übrig? Wir stellten doch füreinander den Sinn des Lebens dar. Investierten unsere gesamte Zeit in die Freundschaft, waren völlig aufeinander fixiert. Wir hatten nur uns und sonst nichts. Sonja hatte einen Großteil ihrer Freunde aufgegeben, ich gab das Fußballtraining dran, löste mich auch von Freunden, mit Martin traf ich mich kaum noch. Wir wußten nicht, was wir ohne einander hätten machen sollen.

Der große Frust

Die Freundschaft mit Sonja ging schleichend kaputt, eine große Wunde entstand. Doch nicht genug: Meine vielen guten Vorsätze zerbrachen einer nach dem anderen.

Abitur war mein Ziel, Lehrer wollte ich werden. Motiviert durch die guten Leistungen in meinen Lieblingsfächern (Deutsch hatte Geschichte, Erdkunde und Englisch nachgezogen), wollte ich mich aufraffen und für die übrigen Fächer lernen. Es ging nicht. Keine zehn Minuten hielt ich es über einem Mathe- oder Lateinbuch aus. Ergebnis: Physik 5 und Latein 6. Ich mußte die Schule verlassen.

Kurz vorher hatte ich in Kiel an einem Wochenendseminar der Landes-Schüler-Vertretung teilgenommen. Dort war für mich bereits eine kleine Welt zusammengebrochen. Ernüchterung kann man es auch nennen. An beiden Tagen gab es nur Redner von »einem Schlag«. Sie benutzten im Grunde die gleiche Masche, die auch ich mir angewöhnt hatte. Weder die vielen brillanten Worte, noch die scheinbar so glänzend aufgebauten Argumente, noch das wohldosierte Einflechten von mehrdeutigen Zitaten und die damit verbundenen Lacherfolge, ja nicht einmal die Fülle der aufgelisteten Fakten konnte darüber hinwegtäuschen: Man drosch hohle Phrasen. Das Ganze eine große Hetze. Oberstes Gebot: Spitzen gegen andere formulieren und unter die Gürtellinie schießen.

Erschreckend deutlich erkannte ich, daß unser »soziales Engagement« ein Mittel zur Selbstdarstellung war.

Tagsüber wurde Abrüstung gefordert. Gebt das Geld der Dritten Welt! Menschen hungern, also, ihr Bonzen, teilt eure Mäuse! Abends verlagerte sich das Ganze in Kiels nobelste Pizzerias. Italienisch verschlemmten wir das Geld, das unsere Eltern zusätzlich zum BaFöG locker machten. Wir alle forderten, aber keiner von uns tat was. Nach diesem Wochenende hörte mein politisches Engagement schlagartig auf.

Mehr als unter den äußeren Umständen und Mißständen litt ich unter mir selbst. Bevor ich mit Alkohol und Haschisch anfing, hatte ich mir die Menschen angesehen und gedacht: »Diese Welt ist voller Schweine. Geld, Macht, Luxus, Auto, Häuschen, Farbfernseher – jeder denkt nur an sich. Paßt auf, ich werde es anders machen! Euch zeig ich's: SO LEBT MAN WIRKLICH RICHTIG!«

Doch ein Blick auf mein Leben ließ nur einen Schluß zu: Ich war selbst das größte Schwein von allen. Aus dem ganzen Müll, den ich in meinen bisherigen neunzehn Jahren angehäuft hatte, ragten zwei Vorfälle besonders heraus. Zwei meiner größten Vorsätze waren gescheitert, kläglich. Der erste bezog sich auf meine Treue zu Sonja:

In meiner Familie gab es eine Reihe von gescheiterten Ehen. Wer verheiratet war, hatte mindestens eine Scheidung hinter sich: Meine Mutter, mein Stiefvater, Bruder, Schwester. Für mich war klar: Denen zeigst du, daß es auch anders geht. Sonja und ich verlobten uns, inoffiziell, aber mit Ring und Eheversprechen. Früh heiraten war mein Ziel. Ich wollte beweisen, daß man sich zusammenreißen, eine Ehe durchhalten kann.

»Mir passiert das nicht, mir nicht!«

Sonja machte drei Wochen Urlaub in Österreich. Nach einer Woche erlebte ich, was ich durchhalten kann. Ich ging fremd. Zweimal. Freitag und Samstag betrank ich mich, ging auf Feten, zog mit Mädchen los. Obwohl ich bis dahin für meine Treue die Hand ins Feuer gelegt hätte. Jetzt das. Meine »Ehetauglichkeit« konkret erlebt! Ich war unfähig, und zwar ohne, wie in anderen Fällen, einen Trinker zum Ehepartner zu haben, ohne jemanden, der die Schuld hatte oder dem ich sie wenigstens hätte zuschieben können. Nein, ich hatte versagt.

Mein zweiter Vorsatz bezog sich auf Handgreiflichkeiten:

Mein felsenfester Entschluß, den ich nach der Prügelei mit dem verletzten Schüler auf dem Schulhof gefaßt hatte, hielt nicht lange. »Du schlägst nicht mehr«, hatte er gelautet.

Von Herrn Z. übernahm ich die Devise: »Die Faust setzt da ein, wo der Verstand aussetzt.« Immerhin hatte ich mich danach ja zum Intellektuellen« und »Pazifisten« entwickelt, wie ich meinte.

Es kam der Tag, an dem auch dieser Vorsatz nicht mehr hielt. Sonja und ich neckten uns. Spaßeshalber schubsten wir einander hin und her. Ich schlug ihr, halb aus Reflex, halb mit Absicht, gegen den Rücken, sie verlor das Gleichgewicht, fiel und stieß mit dem Kopf gegen die Wand. Gehirnerschütterung. Erschrocken wollte ich sie in den Arm nehmen. Sie wandte sich ab. Ohne ein Wort ging sie in die Wohnstube zu meinen Eltern. Sie hielt sich den Kopf und weinte.

»Mensch, Sonja, was hast du denn?«

»Uwe hat mich geschlagen.«

Mit eisigem Blick starrten sie mich an. Ich lief aus dem Zimmer, warf mich auf mein Bett und heulte. Ich war total verzweifelt. Warum? Warum war mir das passiert? Ich wollte doch gut sein! Ich hatte einen richtigen Ekel vor mir selbst. Unter Weinen und Schluchzen nahm ich mein Taschenmesser und schnitt mir in den Arm, aber die Pulsader traf ich nicht. Es blutete, aber mit dem stumpfen Messer kam ich nicht tief genug. Wütend warf ich das Messer in die Ecke und rannte nach draußen. Es regnete und stürmte, ich hatte Turnhose, T-Shirt und Strümpfe an. Etwa eine Stunde lang lief ich durch die Kälte; dann konnte ich vor Erschöpfung nicht mehr weinen und ging nach Hause.

Verzweiflung und Ausweglosigkeit wurden immer größer. Meine Suche nach einem Weg aus der Sackgasse blieb erfolglos. Trotzdem suchte ich, schließlich hatte ich noch keinen Sinn im Leben entdeckt. Eine kaputte Freundschaft, eine kaputte Karriere, ein kaputtes Wesen, das konnte doch kaum der Sinn des Lebens sein. Ich hatte wohl leider den Charakter meines Vaters geerbt – war ich somit auf ewig ein schlechter Mensch? Gab es denn keinen Hoffnungsschimmer? Disco, Schnaps und Drogen waren es nicht gewesen. Was dann? Wo war der Sinn? Wo? Oder gab es keine Antwort?

»Zufällig« begegnete mir Tanja. Sie war eine ehemalige Mitschülerin. Vor einigen Jahren war ich sehr verliebt in sie gewesen. Ich freute mich, sie zu sehen. Wir unterhielten uns, sie fragte, wie es mir ginge. Ich erzählte ihr alles, meinen ganzen Frust. Sie hörte zu. Zum Schluß lud sie mich in eine Jugendgruppe ein, eine christliche. Tanja und ihre Eltern waren Mitglieder einer Freikirche. Sekte, dachte ich. Mir fiel ein, daß ich sie früher oft geärgert hatte. Wegen einer Anstecknadel. »Jesus lebt« hatte darauf gestanden. Damals fand ich das alles merkwürdig, aber heute sagte ich zu.

Sonja war eifersüchtig und ganz und gar nicht damit einverstanden, daß ich allein wegfuhr, dazu noch mit einem Mädchen.

»Komm doch mit.«

»Ach nee, da kenne ich doch keinen.«

Ich brach die Diskussion ab und fuhr mit Tanja nach Flensburg.

Eine Jugendgruppe, ein Pastor und ein Osterfest

Meine Vorstellungen mußte ich schnell über den Haufen werfen. Was ich in die Schublade »christlich« eingeordnet hatte, fand ich hier nicht. Ich war konfirmiert und – wie in weiten Teilen Schleswig-Holsteins üblich – »weihnachtsevangelisch«. Leute wie die in Flensburg waren mir noch nie begegnet. Die waren völlig normal und gleichzeitig ganz anders. Sie hatten Jeans an, redeten dauernd von Jesus und strahlten eine große Wärme und Herzlichkeit aus.

Manfred, ein Pastor, leitete die Gruppe. Freundlich kam er zu mir, begrüßte mich, stellte sich vor und fragte mich ein paar Dinge. Sehr interessierte Fragen, nicht aufdringlich oder neugierig. Wer ich wäre, wo ich herkäme, was ich machte . . .

Eine solche Gruppe hatte ich bis dahin nicht gekannt. Es schien sie nicht einmal zu stören, daß ich dauernd den Raum verließ, um eine Zigarette zu rauchen. So einen Pastor hatte ich auch noch nie getroffen. Er war anders als die Pfarrer, die ich bisher kennengelernt hatte. Mit Pastor verband ich automatisch: heilig, abgehoben, förmlich, verklemmt, steif und spießig. Auf Manfred trafen diese Attribute nicht zu. Mich beeindruckte tief, daß er schlicht und ergreifend Mensch war.

Liederbücher wurden verteilt. Zwei Leute spielten Gitarre, und wir sangen. Leise brummte ich mit, den Blick scheu auf meine Nebenleute gerichtet. Keiner lachte über meine Mißtöne, nach einigen Liedern wurde ich mutiger und lauter, es machte Spaß. Wohl auch falscher, die armen anderen! Sie hörten aber geduldig darüber hinweg.

Dann stand eine Diskussionsrunde auf dem Programm. Manfred nannte ein aktuelles Thema, führte ein paar Gedanken dazu aus und stellte dann Fragen. Ein lebhaftes Gespräch begann. Ich fuhr dicke Argumente auf, sehr kontrovers zum Rest der Gruppe. Manfred argumentierte, indem er ständig die Bibel zitierte. Warum er das wohl tat?

»Na ja«, dachte ich, »jeder hat halt seine Macke, und der Typ ist Pastor, aber sonst ist er ja ganz nett.«

»Wir müssen zum Schluß kommen«, sagte Manfred nach einer Weile, »laßt uns noch zusammen beten.«

Einer nach dem anderen senkte den Kopf, faltete die Hände und schloß die Augen. Meinen Kopf senkte ich auch, aber die Augen ließ ich offen, schließlich wollte ich wissen, was vor sich ging. Einige sprachen Gebete. Ganz frei, manche kurz, manche lang, alle sagten Amen. Nachdem Manfred gebetet hatte, öffneten sich die Hände und Augen, die Köpfe hoben sich. Anschließend saßen wir in einer lockeren Runde bei Tee und Gebäck. Immer wieder wurde ich angesprochen. Man fragte mich alles mögliche und erzählte auch viel, wenn ich Gegenfragen stellte. Ich fühlte mich richtig wohl, gar nicht so, als sei es das erste

Mal. Ganz anders als im »Starlight« oder im »Trichter«; dort hatte mich nie einer angesprochen. Eine Woche später fuhr ich wieder hin, die Woche darauf auch, bald regelmäßig. Gelegentlich besuchte ich den Gottesdienst.

Die Spannungen zwischen Sonja und mir wurden immer unerträglicher. Zwischendurch hatte es ein kurzes Hoch gegeben. Nachdem ich von der Schule geflogen war, nahm ich mir vor, Erzieher zu werden. Etwas anderes fiel mir nicht ein. Ich begann ein Praktikum im Kindergarten, Sonja eines im Alten- und Pflegeheim. Da hatten wir anfangs viel zu erzählen, doch wurde der Gesprächsstoff schnell weniger, und wir fielen in unsere alten Probleme zurück. Wir hatten uns nichts zu sagen. Zwangsläufig schrumpfte die Beziehung noch weiter auf das Körperliche zusammen; bald war es die einzige Ebene, auf der wir uns begegneten.

Ein Hauptgrund lag in unserer Unfähigkeit, zu geben. Wir stellten beide nur Forderungen aneinander. Ich nähme mir zuviel Zeit für den Fußball, sagte sie. Sie wollte auf Feten oder zu Freunden gehen, ich war dagegen. Sobald sie mit anderen Typen redete, raste ich vor Eifersucht. Sie wollte nicht in Kinos oder Restaurants – also blieben wir zu Hause; andererseits hatte ich zum gemeinsamen Lesen keine Lust mehr. Da blieb nicht viel übrig. Fernsehen und Videos waren unsere einzige Abwechslung.

Die Krise spitzte sich zu. Durch meine Kontakte zu der christlichen Jugendgruppe verbrachte ich zunehmend mehr Zeit mit Tanja. Mit ihr zusammensein, einfach so als Freund, ach, war das wohltuend! Spazierengehen und reden, ohne dauernd auf jedes Wort achtzugeben, das war Balsam für meine Seele. Dadurch wurde die Situation mit Sonja nur noch schwieriger.

Für uns beide begannen neue Lebensabschnitte. Ich zog zu Hause aus, Sonja begann ihre Krankenschwesternausbildung in Kiel. Wir sahen uns nur noch an den Wochenenden. Beide völlig ausgelaugt, mit der Erwartung, beieinander aufzutanken. Natürlich gelang das nicht. Wir stritten.

Mit Manfred und anderen aus der Jugendgruppe sprach ich über meine Probleme. Alle gaben mir den gleichen Ratschlag: »Geh damit zu Gott. Bete.«

Sicherlich ein gut gemeinter Tip, aber für mich zu hoch. »Wie betet man?«

Beim Beobachten der Leute im Jugendkreis hatte ich bemerkt, daß ihr alldonnerstägliches Köpfesenken mehr war als nur Selbstgespräch. Aber ich? Zu wem sollte ich beten? Zu Gott?

Ich hielt das für absurd. Gott war für mich ein Prinzip. Gott war Liebe, hatte ich gehört. Warum sollte ich die Liebe anbeten? Gebet als meditative Übung, das konnte ich einsehen, aber als Gespräch? Selbst, wenn es Gott als Person gäbe – mir war er viel zu weit weg. Was sollte ich mich mit einem unterhalten, der irgendwo hinter den Wolken rumschwebte?

An einem Abend, allein in meinem Zimmer, probierte ich es aus. »Versuch's einfach. Schieb alle Zweifel und Fragen beiseite und versuche zu beten. Dann wirst du sehen, ob du Antwort bekommst.«

Meine Erwartung war gleich null. Trotzdem wollte ich es probieren. An wen sollte ich mich sonst wenden? Vor meinem Bett kniete ich mich hin. Von Sonja sagte ich noch nichts. Als Test wollte ich mit einer leichteren Frage anfangen. Kriegsdienst verweigern, ja oder nein? Diese Frage beschäftigte mich zur Zeit. Stotternd begann ich mein erstes Gebet: »Gott, wenn es dich wirklich gibt, dann antworte mir jetzt bitte: Soll ich zur Bundeswehr gehen, oder soll ich Zivildienst machen?«

Stille lag in der Luft. Meine Ohren vibrierten vor Anstrengung, doch keine geheimnisvolle Stimme war zu hören, geschweige denn ein gewaltiges Donnern. Nichts. Seltsamerweise war ich keineswegs entmutigt. Manfred hatte einmal gesagt, Gott spreche durch die Bibel. Na, das wollte ich jetzt wissen. Aus der Ecke kramte ich meine alte Konfirmandenbibel hervor. Noch einmal betete ich mein Gebet:

»Gott, wenn es dich gibt, dann beantworte mir bitte meine Frage: Soll ich zum Bund gehen oder nicht?«

Mann, kam ich mir blöd vor! Da kniete ich nun und plapperte vor mich hin! Wäre in dem Moment einer zur Tür hereingekommen – ich hätte mich in den Fußboden geschämt. Niemand kam.

Ich schlug meine Bibel auf. Willkürlich. Ich wußte sowieso nicht, wo was steht. Den erstbesten Satz las ich: »Selig sind, die Frieden stiften.«

»Das gibt es doch nicht!«

Zufall! Das konnte nur Zufall sein. Eine Antwort auf meine Frage! Haargenau die Antwort! Ich war verblüfft. Wie sollte das möglich sein? Sofort stiegen wieder Zweifel in mir auf, aber jetzt war ich angespornt genug, noch einmal zu beten:

»Also, Gott, wenn es stimmen sollte, wenn es tatsächlich wahr sein sollte, daß es dich gibt, dann mach es möglich, daß ich am Wochenende ein klärendes Gespräch mit Sonja führen kann.«

So, nun war's heraus. Ich hatte es gewagt. Sonja und ich sprachen nämlich kaum noch miteinander; und wenn es dann auch noch um uns ging, fingen wir garantiert an zu streiten. Sie gab mir die Schuld, ich gab ihr die Schuld für unsere schlechte Beziehung.

Am Wochenende darauf war Ostern 1984. Gern hätte ich mich darauf gefreut. In der Flensburger Gemeinde war eine Band für ein dreitägiges Konzert zu Gast. Ohne mich, ich mußte bei Sonja bleiben, sie würde nicht mitkommen.

»Hallo, mein Schatz.«

Die Begrüßung war knapp. Ein flüchtiges Küßchen, keine Umarmung.

»Sonja, bitte laß uns im Park spazierengehen, ich muß mit dir reden.«

Wir gingen in den Park. Ich erzählte. Etwa eine dreiviertel Stunde lang. Angefangen bei all dem Guten, was unsere Freundschaft bei mir bewirkt hatte, spannte ich den Bogen über unsere Schwierigkeiten und Probleme und schloß mit den Worten:

»Ich sehe keine Perspektive für eine gemeinsame Zukunft.«

Sonja hatte geschwiegen. Als ich fertig war, sagte sie, sie hätte schon seit längerem den gleichen Gedanken gehabt. Nur loslassen hätte sie einfach nicht können.

Ich brachte sie nach Hause, nahm sie noch einmal in den Arm und ging. Seitdem habe ich sie nicht mehr gesehen. Eine Weile schrieben wir uns noch. Als wir dann beide neue Freundschaften hatten, brach der Kontakt ganz ab.

Auf dem Nachhauseweg dankte ich Gott. Er war es gewesen, der auf mein Gebet hin gewirkt hatte, das wußte ich. Von dem Moment an gab es für mich Gott, ich war sicher: Gott lebt. Und ich nannte mich Christ.

»Christlich« leben

Ostern wurde ein wunderbares Erlebnis. Die Band gefiel mir sehr gut. Vor allem genoß ich das Zusammensein mit den anderen jungen Christen. Ich war glücklich wie noch nie.

Am darauffolgenden Wochenende war in Husum eine große Veranstaltung mit Pfarrer Ulrich Parzany und dem Duo »Arno & Andreas«. Tanja und ich fuhren hin. Auf halben Weg nahmen wir eine Anhalterin mit. Nach ein paar Minuten begann die Frau zu weinen. Tanja sprach sie an, und sie erzählte uns ihre traurige Geschichte. Wir hörten zu, Tanja tröstete die Frau, erzählte ihr von *Gott* und bot ihr Hilfe an.

Als wir in der Kongreßhalle eintrafen, war die Veranstaltung fast zu Ende. Aber unser Erlebnis war uns viel wichtiger. Wir hatten gemeinsam Gott gedient.

Später fuhr ich mit Tanja nach Hause. Das Wetter war schön, und wir hatten Zeit. Die nutzten wir zu einem Spaziergang. Unter sternklarem Himmel führten wir ein angeregtes Gespräch. Plötzlich blieben wir beide stehen, nahmen uns in die Arme und küßten uns. Eine neue Beziehung begann.

Die Freundschaft und überhaupt mein ganzes Leben liefen nach anderen Maßstäben als früher. Ich hatte jetzt Leitsätze, von denen ich dachte, sie würden den christlichen Glauben ausmachen. Kein vorehelicher Geschlechtsverkehr. Zärtlichkeiten – ja, als Mittelpunkt der Beziehung – nein. Völlige Offenheit von Partner zu Partner erwartete ich; über jedes Problem sollte von vornherein geredet werden. Für mich persönlich zog ich die Konsequenz, keinen Alkohol mehr zu trinken.

Ein paar Monate lief unsere Freundschaft wunderbar, dann begannen die Krisen.

Meine fordernde Art war geblieben, hatte sich durch meinen »christlichen« Anspruch sogar noch gesteigert. Dauernd verlangte ich etwas von Tanja: Offenheit, Verständnis, Geduld – genaugenommen alles das, was ich selbst nicht geben konnte. Meine Vorstellung vom »guten Christen«, ein Bild, dem ich selbst nicht gerecht werden konnte, projizierte ich auf sie. Natürlich konnte sie trotz aller Bemühungen den Forderungen nicht entsprechen. Ich war beleidigt.

Christsein definierte ich ungefähr so: Gott hat mich errettet, um mir ewiges Leben zu geben. Das war meiner Ansicht nach auch recht und billig; schließlich hatte er mich geschaffen und in diese Welt gestellt. Also mußte er das auch verantworten und mir den Weg zum Leben zeigen.

Ich erwartete, daß Gott mich im Alltag so sehr wie möglich beschenkt; schließlich ist er ja ein Gott der Liebe!

Die Konsequenzen, die das bei mir nach sich zog, waren sehr dünn. Ich redete mit Tanja über Gott; betete gelegentlich; fuhr in die Jugendstunde und ab und zu in den Gottesdienst. Die Bibel las ich nicht, die war mir zu langweilig. Genaugenommen gab es nur wenige größere Veränderungen: In meiner Beziehung zu einem Mädchen hatte ich jetzt andere Maßstäbe, und ich trank nicht mehr. Das war's. Raucher blieb ich, »Trichter«-Abende blieben, faul und unzuverlässig blieb ich auch.

Natürlich änderte sich mein Gesprächsinhalt. Da ging es jetzt nicht mehr um Politik, sondern um Gott. Meine Gesprächsmethode behielt ich bei. Ich behauptete irgendwelche Dinge über Gott, die ich mir selbst zusammengeschustert hatte und die ich reichlich mit logisch klingenden Leerformeln versah. Woher hätte ich auch sonst etwas über Gott wissen sollen? Die Bibel las ich ja nicht. So vertrat ich selbstkonstruierte Meinungen, auf die ich sehr stolz war, zum Beispiel:

- Schöpfung und Evolution sind eins. Gott hat sich der Evolution bedient, um den Menschen zu schaffen.
- Rauchen ist keine Sünde. Wo ist denn in den Zehn Geboten ein Wort über das Rauchen vermerkt?
- Autorität auszuüben, besonders indem man Kinder schlägt, ist Sünde. Wer verantwortlich mit seinen Kinder umgeht, kommt auch ohne das aus.
- Anarchie ist die einzig mögliche Form praktisch gelebten Christseins. Nur in der Gemeinschaft ohne jede Unterordnung unter eine vorgegebene Herrschaft kann sich Gottes Liebe offenbaren. Jesus hat sich schließlich auch nicht angepaßt oder untergeordnet.

Diese Argumente ließen erstaunlich viele Christen unwidersprochen. Wenn doch jemand konterte, fuhr ich ihm derart über den Mund, daß er bald aufgab. Nicht so Manfred. In Jugendstunden behielt er sich grundsätzlich das letzte Wort vor. Jedesmal schloß er mit einem Bibelzitat ab, jedesmal ärgerte ich mich neu darüber. Auf der anderen

Seite war gerade er es, der mir ein Stück Selbstvertrauen vermittelte: Er veröffentlichte einige meiner Gedichte in einer von ihm redaktionell verantworteten Jugendzeitschrift. Und er lebte mir eine ganz neue Form von Freundschaft vor; so nahm er mich an meinem Geburtstag in den Arm. Das war ein merkwürdiges Gefühl! Von einem Mann in den Arm genommen zu werden, das hatte ich noch nie erlebt. Es tat gut.

Einmal gelang es ihm sogar, mich von einer Meinung abzubringen. Beim Thema Abtreibung plädierte ich entschieden für das Recht der Frau zur freien Verfügung über ihren Körper.

Die anschließend vorgeführte Diaserie stimmte mich um. Die Bilder waren erschütternd. Plötzlich hatte ich eine ganz neue Sicht für das *Kind* bekommen.

Aber das blieb die Ausnahme. Normalerweise beharrte ich stur auf meiner Meinung. Darüber war ich selbst nicht froh, aber ich schaffte es nicht, eine andere Ansicht gelten zu lassen.

ich

ich habe recht
natürlich
wer auch sonst
sind meine gedanken
warum sollte ausgerechnet ich
abstriche machen

toleranz ist
im lexikon nachzulesen

ich bin für
saubere umwelt
und gesunde bäume
gegen atomkraft, bundeswehr
und gegen was man sonst noch so ist

muß eben sein, denke ich
und zünde mir eine zigarette an

ich bin christ
ich lese – selten – in der bibel
ich bete und singe
ich gehe zum gottesdienst
wenn ich lust habe

das schlimmste dabei:
in dieser inkonsequenz
gefalle ich mir – sage ich.

Halb hier – halb da

Ich konnte hinkommen, wo ich wollte, meine rechthaberische Art eckte an. In christlichen Kreisen ebenso wie am Ausbildungsplatz. Das setzte mich unter enormen inneren Druck. Ich wollte nach christlichen Grundsätzen leben, aber mein tatsächliches, egoistisches Leben stand dagegen.

Willkommene Ausflucht aus dieser Spannung waren die Skatabende bei Martin.

Unser Kontakt war eine Weile unterbrochen, denn Martin war aus dem Dorf weggezogen; ich war mit Sonja beschäftigt gewesen. Zufällig trafen wir uns, und er lud mich zum Kartenspielen ein. Bald fuhr ich regelmäßig hin. Wir hatten wieder mehr Kontakt, die Freundschaft wurde intensiver. Nachmittags hatten wir beide frei, da trafen wir uns und spielten Skat oder Doppelkopf. Wenn wir keinen dritten Mann hatten, gingen wir in das »Freizeit-Center«, die Spielhalle in Niebüll. Dort fand sich meistens jemand, der mitmachte; wenn nicht, spielten wir Billard oder flipperten. Manchmal setzten wir uns auch zu den Spielern an den Automaten und sahen ihnen zu, wie sie ihr Geld verspielten.

Die Spielhalle war in zwei Bereiche aufgeteilt. Hinten waren Geldspielautomaten, Flipper, TV-Spiele und Billardtische untergebracht, vorn befand sich ein Café: der reinste Schülertreffpunkt. Die Tasse Kaffee kostete nur eine Mark, und man wurde nicht, wie in anderen Lokalen, rausgeworfen, wenn man seine Schulbücher ausbreitete und einmal nichts bestellte. Die Altersgrenze wurde nicht kontrolliert, und so gab es am nahegelegenen Gymnasium kaum einen Schüler, der seine Pausen nicht im Freizeit-Center verbrachte.

Martin konnte dem Christsein nicht soviel abgewinnen. Das einzige, was ihm imponierte, war, daß ich nicht mehr trank. Er interessierte sich mehr für Wahrsagerei und Astrologie. Einmal besuchte er mit mir den Gottesdienst, einmal ging ich mit ihm zum Wahrsager. Damit erschöpfte sich unser Interesse für die Religiosität des anderen. Jeder von uns dachte (zumindest von mir kann ich es mit Gewißheit sagen): »Der glaubt einen Quatsch . . . na ja, soll er halt auf seine Weise glücklich werden.«

Nur einmal gab es eine ernsthafte Auseinandersetzung. In Martins Wohnung spielten wir Skat. Ich verlor ein Spiel und ärgerte mich wahnsinnig darüber. Ich warf die Karten auf den Tisch und schrie Martin an, der einen Fehler gemacht hatte. Bald tat es mir leid, und ich entschuldigte mich bei ihm. Er nahm es schweigend hin. Mehrere Runden später war es Martin, der sich aufregte; ich hatte diesmal den Fehler gemacht. Nach einigen Minuten sagte ich:

»So, Martin, jetzt ist's gut. Kannst dich wieder abregen.«

»Was soll das heißen, he? Du hast dich doch auch aufgeregt!«

»Stimmt, aber ich habe mich auch wieder beruhigt, außerdem habe ich mich entschuldigt.«

Ein eigenartiger Blick stieg in seine Augen, Haß blitzte mir entgegen, nackter Haß.

»Ihr Christen«, stammelte er, und dann schrie er: »Ihr

denkt, das geht so einfach: Entschuldigung – und dann so tun, als wäre nichts gewesen!«

Langsam legte ich meine Karten auf den Tisch und stand auf.

»Es tut mir leid, aber so kann ich nicht weiterspielen.«

Ich ging. Auf dem Weg liefen mir Tränen über das Gesicht. Ich hatte Angst.

Nach ein paar Wochen spielten wir wieder, niemand sprach den Vorfall noch einmal an.

Tanjas jüngere Schwester Anne und ihr Freund Jens hatten die Idee, einen Hauskreis zu gründen. Tanja und ich waren dabei. Meine Wohnung lag zentral, und so kamen wir einmal pro Woche zum Singen, Beten, Bibellesen und anschließendem Gespräch bei mir zusammen. Oft wurde es spät. Weil ich direkt neben der Schule wohnte, übernachtete Jens bei mir. Eine Freundschaft entwickelte sich.

Obwohl er vier Jahre jünger war, verbanden uns einige Gemeinsamkeiten. Er nannte sich auch Christ, verbrachte ebenso gerne Nächte im »Trichter«, rauchte, trank literweise Kaffee und spielte häufig mit Martin, Kalle und mir Skat.

Kalle, den vierten in unserer Skat-Runde, kannte ich von meiner Schulzeit und hatte ihn durch Tanja wiedergetroffen. Schließlich war er mir dann regelmäßig im Freizeit-Center begegnet.

Inzwischen hatte ich einen Platz an der Fachschule für Sozialpädagogik bekommen, für die zweite Phase der Erzieherausbildung. Dadurch hatte ich noch mehr Zeit. Der Unterrichtsstoff kam mir sehr entgegen. Wir hatten hauptsächlich »Laberfächer«, mündliche Fächer, bei denen ich nicht so sehr durch mein Wissen, als vielmehr durch meine Formulierungskunst glänzte. Das fiel mir leicht – bei meiner Übung. Deshalb schwänzte ich oft und ging statt dessen ins Freizeit-Center.

Der große Knall

Einige Monate gingen ins Land. Ich nahm einen Job im Bahnhofskiosk an. Neben BaFöG und Unterhalt verdiente ich jetzt noch, ein Auto brauchte ich auch nicht mehr zu bezahlen, finanziell ging es mir so gut wie nie.

Ende des Jahres kam der Einschnitt, der große Knall. Tanja war auf einer Silvesterfete, ich feierte zu Hause mit meinen Eltern. Neujahr telefonierten wir.

»Uwe, ich mache Schluß.«

»Was? Warum?« Ich war wie vor den Kopf geschlagen.

»Darüber müssen wir reden. Ich komme zu dir.«

Sofort setzte ich mich ins Auto und fuhr hin.

Tanja erzählte von der Silvesterfete.

»Ich habe mich in Ricardo verliebt. Ich möchte mit ihm zusammensein.«

Es wurde ein sehr langes Gespräch. Wir blieben zusammen. Es schien uns Gottes Wille zu sein. Wider alle Gefühle, das heißt: wider Tanjas Gefühle, denn ich war ja sehr dafür.

Einige Wochen schleppte sich die Freundschaft dahin. Jeder versuchte, mehr auf den anderen einzugehen. Aber nicht lange, und wir waren erneut am selben Punkt. Alle meine Sehnsüchte übertrug ich auf Tanja. Ich forderte maßlos und war eifersüchtig. Sie stand unter Druck. Eines abends lag ein Zettel auf meinem Tisch: ES GEHT NICHT MEHR!

Die anderen Worte habe ich vergessen. Der Inhalt war deutlich: Es war vorbei.

Verzweifelt rief ich Tanja an: »Ich muß unbedingt mit dir sprechen.«

»Nein, ich will nicht. Es ist alles gesagt.«

»Das stimmt nicht. Ich sitze im Unklaren. Du mußt mit mir reden.«

Ich redete so lange auf sie ein, bis sie kam.

»Du brauchst gar nicht versuchen, mich zu überreden.

Meine Entscheidung steht fest. Ich bin jetzt mit Ricardo zusammen.«

Damit war unsere Beziehung beendet.

Die Auswirkungen waren katastrophal. Sofort löste ich den Hauskreis auf und brach jeden Kontakt zur Gemeinde ab. Jugendkreis und Gottesdienst hätten eine ständige Begegnung mit Tanja bedeutet, aber ich wollte und konnte sie nicht sehen. In mir brannten Schmerzen, aber auch Wut und Haß. Und das sollte niemand sehen, das sollte verborgen bleiben. Schließlich war ich Christ! Da mußte ich doch vergeben können. Daß es nicht gelang, sollte niemand merken. Wenn ich Tanja sah, wurde ich gleichzeitig niedergeschlagen und aggressiv. Also ging ich ihr aus dem Weg.

Mit Tanja verlor ich meinen ganzen Halt. Jetzt erst merkte ich, daß ich sie zum Mittelpunkt meines Lebens gemacht hatte. Nur bei ihr fühlte ich mich geborgen.

Diese Geborgenheit war nun weg. Ich hatte nicht auf Gott gebaut, sondern auf Tanja. Und damit auf Sand, denn sie war nicht mehr da.

Ich rauchte so viel wie nie zuvor. Die Versuchung, mich zu betrinken oder zu kiffen, wurde mit jedem Tag größer. Doch ich tat es nicht. Wie hätte ich denn dagestanden? Eine schöne Flasche, wer sich aus Liebeskummer betrank oder Haschisch nahm!

Aber irgendwie mußte ich mich ablenken; ich suchte nach etwas, das mich den Schmerz vergessen lassen würde.

Ich fand die Ablenkung. Dort, wo ich sowieso jeden Tag war, in der Spielhalle.

2

Einmal probiert

Manchmal warteten Martin und ich auf Kalle. Wir wollten ihn zum Skat abholen, doch er spielte an Automaten, oft stundenlang. Wir verstanden das nicht. Wir lachten sogar darüber, daß einer so blöd war und sein ganzes Geld verspielte.

An einem bestimmten Automaten spielte Kalle mit Vorliebe. Als wir ihn eines Nachmittags abholen wollten, saß er wieder davor. Wir setzten uns in den Sessel neben ihm.

»Jetzt mußt du drücken, Mann!«

»Und jetzt.«

»Na los, Alter!«

Kalle war genervt. Er ignorierte unsere Vorschläge, riskierte, wie er wollte – und verlor sein Geld.

»Siehste, bist selber schuld.«

»Weil er nich auf uns gehört hat.«

»Er hätte gewonnen.«

»Klar!«

Martin und ich sahen uns an.

»Was meinste, ob wir's ma versuchen? Jeder'n Fünfer, kann ja nich viel schiefgehen.«

»Ich weiß nich, bei den Dingern verliere man ja doch nur.«

»Ach komm, jeder fünf Mark. Ich hab noch zehn inner Tasche. Stell dir vor, wir holen die Hunderter! Hast doch jetzt gesehen, wie's nich gemacht wird.«

»Na gut, probiern wir's, aber nur'n Fünfer.«

Schnell waren die 10 DM durchgelaufen. Das letzte Spiel war zu Ende, die Walzen standen still. Elendes Gefühl. Ich war wütend auf den Automaten. Das schöne Geld. Ich wollte es wiederhaben, unbedingt.

»Paß ma auf, daß sich hier kein anderer an die Kiste

setzt. Ich hab noch fünfzig Mark zu Hause, die hole ich.«

Wir teilten den Einsatz.

Fast hatten wir das Geld verspielt – ich wurde schon sauer – da lief uns ein Gewinn ein: 32 Sonderspiele, 60 DM gewannen wir.

»Na siehste, hab ich doch gesagt.«

»Jetzt packen wir's richtig und gewinnen.«

Tok, tok, tok.

Die Aufsicht klopfte an die Scheibe unserer Nische.

»Feierabend.«

»Mist!«

»Gerade jetzt.«

Wir waren total versessen darauf, weiterzuspielen.

»Morgen früh?«

»Alles klar. Neun Uhr?«

Wir hatten beide Schule. Aber was wäre, wenn jemand an unseren Automaten gehen und unseren Gewinn kassieren würde? Punkt neun trafen wir uns. Bis zum Abend hatten wir jeder 100 DM verspielt. Wir waren wütend.

»Wie kann man so viel Geld verspielen?«

Meine Eltern fielen mir ein. Wir hatten nie viel Geld zu Hause, mein Vater klotzte Überstunden. Wenn die wüßten: 100 DM, einfach verspielt . . .

Am nächsten Tag ging ich zur Bank und hob Geld ab, um meine Miete zu bezahlen. 200 DM. Ich steckte es in die Tasche und ging ins Center. Auf einen Kaffee. Fünf Stunden später kam ich heraus, ohne Geld. Ich hatte alles verspielt.

An den nächsten Tagen verspielte ich alles Geld, das ich auf meinem Konto und auf dem Sparbuch hatte, einige hundert Mark. Was ich an Geld in die Finger bekam, trug ich zur Spielhalle. Dann war mein Geld weg, und kurze Zeit herrschte Ruhe.

Schnelle Veränderungen

»Komm, laß uns Ralph besuchen. Der wohnt jetzt mit seiner Freundin zusammen. Mit denen könne wir eine Runde Doppelkopf spielen. Wenn sie keine Lust haben, macht auch nichts, sie haben einen Flipper und'n Telespiel.«

»Was, die haben 'nen Flipper?«

Ich war sofort dabei. Wir spielten die ganze Nacht.

Ralph und Gerda hatten nicht nur Flipper und Telespiel, sondern auch eine umfangreiche Bar. Es war sechs Wochen »nach Tanja«. Ich bin »drüber weg«, dachte ich. Das war irgendwie auch richtig, denn sie war selten in meinen Gedanken – die kreisten inzwischen ständig um die Frage, »wo die nächste Kohle fürn Automaten« herkäme. Ich bastelte mir eine »logische« Konsequenz zusammen: »Du bist drüber weg – dann kannst du auch trinken. Mit Tanja hat das schließlich nichts mehr zu tun.«

Im Laufe der Nacht und während des Vormittags, an dem ich mit Gerda flipperte (Martin und Ralph mußten weg), trank ich fast eine ganze Flasche Whisky.

Von da an betrank ich mich oft. Manchmal war ich an fünf Tagen in der Woche bis zur Halskrause voll. Von Zeit zu Zeit rauchte ich auch wieder ein Haschpfeifchen.

Eigentlich gefiel mir beides nicht.

Wenn ich Hasch nahm, fühlte ich mich zuerst leicht und locker. Aber das änderte sich schnell. Ich brachte keinen Gedanken zustande. Es ging einfach nicht. Ich konnte Arme und Beine nicht mehr so bewegen, wie ich wollte. Ich war wie eingesperrt, wie in Spinnweben gewickelt. Noch schlimmer wurde es, wenn die Wirkung der »Pfeife« nachließ. Schlagartig war der ganze Ärger wieder da. Immer noch wurde mir speiübel.

Trinken war anders. Die ersten zwei, drei Gläser machten mich fröhlich und – vor allem – mutig. Ich fühlte mich stark und selbstsicher. Die Leute, die ich sonst nicht leiden konnte, waren auf einmal »gut Freund« oder total egal, auf jeden Fall nervten sie nicht mehr. Bei ein paar Gläsern blieb es nicht. Ich trank weiter, jedesmal. Oft probierte ich nach einer Weile, aufzuhören – es ging nicht. Wenn ich angefangen hatte, mußte ich bis zum Umfallen weitertrinken. »Saufen, saufen, saufen!«, schrie es in mir. Wenn mir schlecht wurde, schwankte ich zum Klo, übergab mich und trank weiter, solange es ging. Zum Schluß lag ich oft in irgendeiner Ecke und schlief wie ein Toter.

Zwischen dem Angeheitertsein und dem Bis-zum-Koma-Trinken lag eine andere, ausgesprochen üble Phase. Davon mußte mir oft am nächsten Tag erzählt werden; ich hatte alles vergessen. Regelmäßig rastete ich aus. Als erstes steuerte ich auf ein Mädchen zu. Wie ich an sie rankam, war mir egal. Manchmal ging ich direkt auf Körperkontakt, »tatschte« sie an.

Manchmal, noch bei relativ klarem Verstand, erzählte ich einem Mädchen die tollsten Stories: Ich gab mich verständnisvoll, sensibel und mitfühlend. Dezent ließ ich einfließen, daß ich Gedichte schrieb. Oft kam ich gut damit an, so als großer Tröster. Manchmal erzählte ich sogar von Gott – immer mit dem Hintergedanken, das Mädchen »abzuschleppen«.

Wenn kein Mädchen sich auf mich einließ, wurde ich aggressiv. Immer öfter kam es zu Stänkereien und Schlägereien. Ich provozierte andere mit frechen Sprüchen oder durch Schubsen. Immer häufiger flogen die Fäuste. Oft konnte ich einer Prügelei nur entgehen, weil Martin mich im letzten Moment zur Seite riß.

Flippern und Atari spielen war anders als trinken oder kiffen. Ich war jetzt immer häufiger bei Gerda. Dort waren meine Probleme auch weg (solange ich spielte), ohne daß ich ausrastete.

Ebenso in der Spielhalle. Ein Spieler lächelt, wenn er soeben Miete und Haushaltskasse verspielt hat. Das kann man ja, denn anders als bei Drogen hat man sich – äußerlich – völlig in der Hand. Den anderen gegenüber gab ich mich immer so kühl wie möglich. Nur nicht zeigen, daß du dich ärgerst, wenn du verloren hast. Die Devise der Spieler ist: cool. Ein Spieler verliert außerdem auch nicht. Fragt man einen, erfährt man sofort von großen Gewinnen. Nur manchmal überkommt dich das Jammern: »Alle haben Glück, bloß ich nicht!« Aber dann wird spöttisch über dich gelächelt. Tatsächlich verliert ein Spieler immer. Gewinne werden samt und sonders wieder verspielt. Nur einige wenige schaffen es, sich für das Geld Klamotten zu kaufen. Ich gewann einmal an einem Tag 900 DM. Am nächsten Tag verspielte ich sie wieder und noch 600 eigene dazu.

Spielhalle war »mein Ding«. Wenn ich spielte, dachte ich an nichts mehr und hatte mich trotzdem unter Kontrolle, jedenfalls so weit, daß ich – anders als beim Hasch – meine Gedanken und Bewegungen steuern konnte und nicht wie beim Alkohol ausrastete. Man sah mir auch nichts an. Viele Alkoholiker verwahrlosen äußerlich; ich war, wie die meisten Spieler, sehr gepflegt. Morgens und abends duschte ich. Meine Eltern bemerkten deshalb nichts, wenn sie mich an den Wochenenden besuchten. Nur meine Blässe und die zwei bis drei Päckchen Zigaretten pro Tag störten sie (in der Spielhalle rauchte ich fünf bis sechs Schachteln.)

Was mir an diesem nach außen hin kontrollierten und auf den ersten Blick geordneten Leben besonders gefiel, war, daß es gut zu meinem »Christsein« paßte. Nach wie vor verstand ich mich als Christ. Immer wieder führte ich Gespräche über den Glauben, besonders wenn ich betrunken war. Oder in den Nischen der Spielhalle. Zwischen zwei mit zitternden Händen in den Schlitz gefingerten Fünfern erklärte ich anderen Spielern:

»Gott ist lebendig – er macht frei! Ich habe mal ein ganzes Jahr nichts getrunken.«

Sucht

Das Spielen hatte mich vollkommen gepackt. Schon nach dem ersten Mal ließ es mich nicht wieder los, aber so etwa nach drei Monaten war ich spielsüchtig*.

Anfangs, nachdem die ersten 500 DM verspielt waren, hatte ich noch ein schlechtes Gewissen. Ich mußte an die Hungernden in der Dritten Welt denken und spendete 500 DM für Äthiopien. Schließlich hatte ich mich ja einmal für soziale und politische Themen engagiert. Daran dachte ich nun schon lange nicht mehr. Mein jetziges Denken konzentrierte sich darauf, Geld aufzutreiben und zu verspielen. Der Zwang, in die Halle zu gehen, ließ mich nicht los. Wenn ich nicht spielte, bekam ich regelrechte Entzugserscheinungen.

Wenn ich darüber sprach, sagten die meisten Leute, sie könnten sich das nicht vorstellen. Süchtig nach einem Automaten?! Schließlich ist das keine körperliche Abhängigkeit wie bei einem Heroinsüchtigen. Nun, man kann es sich wohl einfach nicht vorstellen, deswegen ist es aber trotzdem vorhanden, real vorhanden.

Später, nach meiner Spielerzeit, habe ich versucht, auszudrücken, was sich damals, nach außen unsichtbar, in mir abspielte.

Dreisonnenmelodie

Die Schulbank
verschwimmt,
weicht einem Dreigestirn.
Drei Sonnen drehen in meinen Blick.

---

* Die Psychologen streiten sich bis heute um eine Anerkennung des Spielens als Sucht. Die Automatenaufsteller gehen von einer Zahl von 50.000 Spielsüchtigen in der Bundesrepublik aus.

Von links, von rechts, von oben
drei Sonnen.
Eine Melodie erklingt,
monoton, stereotyp, wieder und wieder.
Die Melodie, die Melodie,
die Dreisonnenmelodie.

Die Schulbank
taucht wieder auf.
Verwirrt erkenne ich das Ringsherum
und beginne zu zittern
und beginne nach rechts und links zu blinzeln,
ohne zu sehen.
Drei Sonnen
versperren mir den Blick.

Die Schulbank
bläht sich auf,
kommt auf mich zu, bedroht mich
und glotzt mich mit Augen an,
wie drei Sonnen,
die mich anstarren,
so süßlich brutal,
als wollten sie mich fressen.
Zwischendrin die Melodie,
die Dreisonnenmelodie.

Die Schulbank
wird ein kleiner Raum im Halbdunkel.
Drei Drehstühle, drei Automaten,
drei Sonnen.
Das Zittern wird stärker.
Meine Brust sagt:
Ich berste bald, ich platze gleich.
Mein Magen ist fort,
fort in die Achterbahn auf dem Rummel:
Mir wird schlecht.

Die Schulbank
vibriert
von dem leeren Stuhl, der an sie schlug,
als ich aufstand.
Die vielen Stimmen und Blicke
hinter mir her
sind leiser als die Melodie in meinem Kopf.
Die drei Sonnen
ahnen sie nicht,
sie sehen sie nicht,
und keiner weiß, wie laut sie klingt,
die Dreisonnenmelodie.

Der Drang

Der Drang war da. Wieder da! Zurückgekehrt: Wie ein Dieb hatte er sich herangeschlichen, wie ein Hurrikan war er ausgebrochen. Mein Magen, mein Herz, alles in mir zog sich zusammen. Vor meinen Augen malte der Drang die Bilder aus. Bilder, die halb vergessen waren und die ich ganz vergessen wollte.

Wie ein Mensch sah er aus, der Drang. Eine winzige Person, die in meinen Adern hin- und herlief; lachend, auf grausame Weise lachend. Mein Blut floß schnell und schneller, es schoß durch die Adern. Die Bilder tanzten wie Marionetten in meinem Blick. Bedient von dem Drang. Die drängende kleine Person erweckte sie brutaler denn je zum Leben.

Die Sonnen, die Geldbeträge tanzten und flimmerten vor meinen Augen. Ich drückte die Risikotasten, die Kästen gingen nach oben. Ich verdoppelte und verdoppelte meinen Einsatz, bis ich neunzig oder hundert Sonderspiele hatte. Ich gewann. Gewann 200, 300, 1.500 DM und machte weiter und gewann mehr, mehr, immer mehr. Es ebbte nicht ab, es hörte nicht auf. Ich gewann, gewann.

Mein eigenes Geld brauchte ich nicht. Es lag ruhig in meiner Tasche. Ruhig dort, wo es sonst brannte und mich durch die Schmerzen zwang, es Schein für Schein in Münzen zu wechseln und die blinkenden Metallstücke dann in die gefräßig programmierten Schlünde zu schieben. Kein Gedanke daran, daß diese kleinen Scheiben nicht nur Futter zum Antrieb von Drehscheiben sind, sondern sich damit auch Miete und Schulden bezahlen lassen.

Heute war das anders, ich spielte an sechs Automaten gleichzeitig, rannte von Maschine zu Maschine, von Kabine zu Kabine, und ich gewann.

Die Unruhe wuchs, ich wurde immer nervöser. Mein Inneres bebte, mein Magen zog sich zusammen, dehnte sich auseinander und fiel gleich darauf erneut in einen Krampf. Mein Kopf glühte. Ein Zittern durchzog meinen Körper von oben nach unten und von links nach rechts. Aufspringen, aufspringen wollte ich, aufspringen und in die Spielhalle gehen. Alles in mir schrie danach, schrie mit der schrillen Stimme des kleinen gewaltigen Marionettenspielers, der in mir drängte.

Aber Kerstin war da. Ich konnte nicht gehen. Und ich konnte den kleinen Kerl nicht loswerden, dessen Stimme immer schriller, dessen Gelächter immer höhnischer wurde.

»Geh spielen! Geh spielen! Geh gewinnen, geh los!«

Die Melodie erklang und untermalte das Schauspiel vor meinen Augen, das heftiger wurde und drängte und drängte. Die Melodie klang süß. In meinem Mund lief der Speichel, als könnte ich sie essen, sie schmecken. Honig aus lieblichen Tönen. Die Plusmach-Melodie, die dann ertönt, wenn du gewinnst, wenn dir 100 DM bevorstehen. Die Beruhigungsmelodie, die Weiterspielen-Versprechens-Melodie. Spielen statt Pleite. Spielen statt Ernüchterung, spielen statt aufwachen, statt Erwachen, statt Frust, statt Auswegslosigkeit. In sechsfachem Kanon erklang die Melodie. Alle

Automaten gewannen. Gleichzeitig. Ich sah mich lächelnd Geldscheine in die Hände meiner Gläubiger legen.

Mein Tag war da. Mein Tag! Ich gewann. Aber ich saß hier. Kam nicht los, wegen Kerstin. Wie würde der kleine Schreihals, der Marionettenspieler aus mir herausschießen. Wie würde sein Schreien verstummen, wie ruhig würde ich werden, wenn ich . . . wenn ich . . . nur fünf Mark . . . wenn ich aufstünde, spielen ginge.

Mein inneres Zittern drang nach außen durch. Mein Körper vibrierte, zitterte und gierte vor Verlangen. Verlangen, dem Drang nachzugeben. Bebte vor Lust nach dem elektronischen Rachen, der sich den Geldstücken näherte und sie mir schier aus den Händen riß.

»Was hast du denn?«

Der Kopf des Marionettenspielers rollte in meinem Magen auf und ab. Die Worte hatten ihn geköpft. Er kullerte hin und her und zog eine brennende Spur. Als sei er ein Stück heißer Kohle. Innen brannte es, außen lief es mir kalt über den Rücken. Auf den Schultern des Marionettenspielers wuchsen sogleich zwei neue Köpfe. Sie schrien zweimal so laut wie vorher. Vier Arme wuchsen, doppelt so viele Marionetten traten auf. Die Stimme zerschrie die Melodie. Die einzelnen Töne schwirrten schief und zusammenhanglos in mir umher; bei jeder Berührung schienen sie ein Loch zu schlagen.

. . . Faßte den Drang und zerquetschte ihn, er zerfiel in tausend Stücke und stand tausendmal neu auf. Ein noch fürchterlicheres Geschrei entstand. Es schmerzte, schmerzte und ich spielte; gewann nicht mehr, sondern spielte, spielte bis zur Befreiung, um los zu sein von dem Zwang, dem furchtbaren Drang.

Geld – war mein Thema. Geld und nur Geld.

Woher nehmen?

Beim Skatspielen gewann ich nur kleine Summen. Zusammen mit Martin kaufte ich mir einen Geldspielautomaten. Den hängten wir in meinem Zimmer auf. Selbst daran zu spielen war nicht lange interessant, also versuchten wir, Leute aus dem Freizeit-Center zu lotsen, um sie bei uns spielen zu lassen. Es gelang selten. Nur unsere beiden jüngeren Brüder spielten leidenschaftlich daran.

Ich begann, Geld zu leihen. Skrupel hatte ich nicht. Aus meiner frühen Disco-Zeit war ich gewohnt, Leute anzupumpen und Schulden zu haben. Da war ich Schüler gewesen und wurde hauptsächlich durch »Kleinkredite« von Martin finanziert, der verdiente als Maurerlehrling recht gut. Um zurückzahlen zu können, beging ich Ladendiebstahl. Stangenweise transportierte ich Zigaretten aus Geschäften. Das Leihen machte mir also nichts aus, das war ich gewohnt. Aber jetzt kam noch eines hinzu: Ich log. Ich erzählte jedem alles, um an Geld zu kommen.

Auf der Bank bekam ich einen Dispositionskredit (normalerweise bei Schülerkonten nicht möglich). Ich erklärte, ich zöge um und brauchte neue Möbel. Als ich nach der ersten Ablehnung drohte, die Bank zu wechseln, gab man mir 1.000 DM.

Tatsächlich gab es einen Umzug. Martin, Kalle und ich zogen zusammen. Ein chaotisches halbes Jahr begann.

Wir hatten gehofft, uns gegenseitig durch das Skatspielen vom Freizeit-Center fernzuhalten. Außerdem schlossen wir Wetten ab, wer am längsten durchhielt, nicht zu spielen. »Hundert Mark, daß ich nicht mehr spiele!« Wer den anderen irgendwo am Automaten erwischte, verzichtete regelmäßig auf sein Geld, denn jeder von uns hatte es selbst heimlich irgendwo getan. Wir kauften einen zweiten Geldautomaten und stellten ihn im Wohnungsflur auf. Er hielt uns auch nicht vom Freizeit-Center fern; wir spielten erst nach 23.00 Uhr daran, wenn das Center schloß.

Unser Leben wurde immer konfuser. Wir schwänzten die Schule. Resultat: Ich mußte ein Schuljahr kurz vor der Prüfung wiederholen – zu viele Fehlstunden. Kalle fiel durch sein Abitur. Martin durchs Fach-Abi.

Wir tranken viel, ich kiffte immer mehr. Von einer Klassenkameradin bekam ich eine Plastiktüte mit selbstangebautem »Gras« (Marihuana) geschenkt. Eine ziemliche Menge rauchte ich selber, das meiste allerdings verkaufte ich. Das brachte Geld zum Spielen und Kontakte zur Kiffer-Szene, wo ich immer wieder umsonst ein »Pfeifchen« mitrauchte.

Regelmäßig gab es Feten oder einfach Treffen mit ein paar Leuten zum Skatspielen. Dabei machten wir die Nächte durch und betranken uns bis »Oberkante Unterlipe«.

In der Wohnung häuften sich Berge von schmutzigem Geschirr, Bierdosen, überquellende Aschenbecher, Essensreste – alles war vollkommen verdreckt. Martin, penibel sauber, kämpfte vergeblich dagegen an. Nach einem Jahr zog er aus.

Auf und ab

Jens zog zu Kalle und mir in die Wohngemeinschaft. Unser guter Kontakt hatte sich gehalten. Tanja war nach Hamburg zum Studium gezogen, so daß ich gelegentlich sogar mit Jens zum Gottesdienst gegangen war. Mit ihm ging ich auch öfters in einen Hauskreis, der bald nach unserem gescheiterten ersten entstanden war.

Nicht lange nach Jens' Einzug brach ich zum erstenmal zusammen und startete einen Versuch, umzukehren. Das Tief wurde durch die immer schlimmer werdenden Umstände ausgelöst. Weil ich dauernd den Unterricht schwänzte, bekam ich Mahnungen. Die Drohung, von der Schule gewiesen zu werden, stand im Raum. Auch finanziell wurde es immer enger für mich. Ich war für die gemeinsame Miete verantwortlich. Kalle und Jens gaben mir ihren Mietanteil. Aber ich bezahlte damit nicht die Wohnung, sondern verspielte das Geld.

Nach drei Monaten klingelte es an unserer Wohungstür. Der Vermieter kam herein und forderte sein Geld. Jens war zufällig zu Hause und empfing Herrn S. Jens war entsetzt. Als ich am Abend kam, stellte er mich zur Rede. Ich erzählte ihm vom Spielen, gab zu, daß ich noch mehr Schulden hatte und erzählte ihm alles. Ich wollte umkehren, wollte wirklich raus aus dem Sumpf.

Seit einiger Zeit hatte ich wieder eine Freundin. Schon wegen Kerstin wollte ich aus dem Teufelskreis ausbrechen. Sie war sehr sensibel und verletzlich und suchte in der Freundschaft einen Halt. Das zu wissen, erhob mich natürlich und machte mich mächtig stolz. Gerecht werden konnte ich der Aufgabe nicht im geringsten. Ich belog sie, ließ Verabredungen platzen und spielte statt dessen. Nachdem ich Jens alles erzählt hatte, erklärte ich auch ihr meine Lage. Ich wußte: Ich bin süchtig.

Kerstin und Jens brachten viel Verständnis für mich auf und versuchten, mir zu helfen. Jens bezahlte meine Schulden, damals etwa 3.000 DM. Kerstin besuchte innerhalb der Projektwoche ihrer Schule einen Kurs über Suchterkrankungen und den Umgang mit Süchtigen. Sie brachte mir sogar ein Buch über Spielsucht und Spielerschicksale mit. Beide sprachen mit mir übers Spielen, nahmen mir Versprechen ab und schleppten mich, wenn nötig, aus der Spielhalle heraus.

Dank dieser Hilfe blieb ich einige Tage »clean«, doch kaum zwei Wochen später hielt ich es nicht mehr aus.

Da stand ich nun wieder im Freizeit-Center. Fest davon überzeugt, daß ich nur zuschauen wollte. Es gelang nicht.

Sofort fing das Lügen wieder an. Ich belog andere, aber auch mich selbst. In der Schulpause dachte ich: »Wenn du von deinen Schulden herunterkommen willst, dann geh den Kaffee dort trinken, wo er am billigsten ist.«

Das hat so'n bißchen was von dem Witz mit dem Mann, der zu Fuß gegangen ist und seiner Frau stolz erzählt, er habe das Geld für den Bus gespart. Zornig fährt sie ihn an: »Wenn du schon zu Fuß gekommen bist, warum hast du dann nicht gleich auf ein Taxi verzichtet? Dann hättest du noch mehr Geld gespart!«

Wo war der Kaffee wohl am billigsten, wenn man ihn nicht selber kochen wollte? Einige Zeit trank ich wirklich nur brav mein Täßchen im Freizeit-Center und ging dann in die Schule zurück. Bald blieb ich, um anderen Spielern zuzusehen, dann, um Karten zu spielen, schließlich hing ich wieder am Automaten.

Jetzt war ich voll »drauf«.

Wann immer möglich, ging ich in die Spielhalle. Oft erwischten Kerstin und Jens mich dort. Mit reuevollem Blick hörte ich mir ihre Strafpredigten an.

»Nie wieder!« schwor ich.

Mein Hintergedanke war immer derselbe: Nächstesmal muß ich mir mehr Mühe geben, mich nicht erwischen zu lassen. Es gelang, indem ich in andere Orte fuhr oder in Kneipen an den Automaten spielte.

Wenn wir uns sahen, frage Kerstin mich, ob ich gespielt hätte. Ich begann, einiges gezielt zu erzählen – mit der Absicht, Schlimmeres zu verschweigen. Ich log sie bewußt an. Wenn ich neunmal die Wahrheit sagte, dann nur, um die Lüge im zehnten Satz auf stabile Beine zu stellen. Nicht selten hielt ich Kerstin im Arm, streichelte sie, flüsterte: »Ich liebe dich« – und zog gleichzeitig in Gedanken durch die Spielhalle.

Alle diese Lügen gipfelten in einer – ich ging zu Kerstin und sagte: »Kerstin, ich weiß nicht, was ich machen soll. Ich habe meine gesamte Miete verspielt. Neulich hat Herr S. gesagt, er zeigt mich an, wenn ich noch einmal nicht zahle. Der macht das, und dann komme ich wegen Unterschlagung in den Knast.«

Als das erste Entsetzen vorüber war, kam ihre Antwort:

»Ich leih dir das Geld.«

»Nein, das kannst du doch nicht machen, du hast doch selber nicht viel Geld.«

»Doch. Du sollst nicht vor Gericht kommen.«

»Ich weiß nicht . . .«

»Doch!«

Ich nahm sie in den Arm: »Danke, mein Engel.«

Gemeinsam gingen wir zur Bank, dann zum Vermieter. Kerstin wartete draußen, im Haus sprach ich mit Herrn S.

»Ich hab kein Geld für die Miete.«

»Dann mußt du einen Wechsel unterschreiben.«

Ich unterschrieb.

Zurückgekehrt, legte ich meinen Arm um Kerstin und gab ihr einen Kuß. »Danke, es ist alles klar. Nächsten Monat soll ich pünktlich bezahlen, hat er gesagt.«

In meiner Innentasche steckten über 600 DM, in meinem Hinterkopf brannte die Ungeduld. Den ganzen langen Nachmittag mit Kerstin mußte ich noch rumkriegen, dann konnte ich endlich spielen gehen.

Im März '86 folgte das zweite Desaster. Mein Klassenlehrer sprach mit mir. Mit meiner Fehlstundenzahl würde die Prüfung katastrophal ausfallen, sofern ich überhaupt zugelassen würde, was nicht allzu wahrscheinlich war. Über 60% Fehlstunden waren registriert. In dem Gespräch schilderte ich meine Situation. Am Ende stellte ich den Antrag, das Schuljahr wiederholen zu dürfen, und entging damit knapp einem Rauswurf. Der Antrag kam durch, und ich wiederholte.

Kerstin und Jens mußte ich das Wiederholen natürlich erklären. Ich erzählte ihnen alles, das heißt: Ich tat so. In Wirklichkeit verschwieg ich vieles, und das, was ich erzählte, verdrehte ich, wo es ging, zu meinen Gunsten.

Zum wiederholten Male gelobte ich Besserung. Jens lieh mir noch einmal Geld.

In der Schule begann ein neuer Abschnitt. Bisher hatte

ich oft gesagt, ich ginge ins Freizeit-Center, weil ich es in der Schule mit meinen Mitschülern nicht aushielt. Denen war ich nämlich nicht sonderlich sympathisch. Durch den Klassenwechsel schien alles zu einem echten Neuanfang geebnet.

Kein Ausweg

Am Anfang des neuen Schuljahres stand ein achtwöchiges Praktikum im dreißig Kilometer entfernten Husum. Jens' Freundin wollte sich ein Auto kaufen. Da sie es aber nicht dringend brauchte, vereinbarten wir, daß ich es kaufte und sie es dann nach meinem Praktikum übernahm. Den Kaufpreis von 1.000 DM streckte Jens vor.

Drei Tage später war das Auto ein Schrotthaufen. Ich hatte es ausgeliehen; der Fahrer hatte einen Unfall gebaut – Totalschaden.

Ich fand den Fahrzeugbrief nicht und mußte den Wagen so abmelden. Erst einige Wochen später entdeckte ich den Fahrzeugbrief zufällig in meinem Nachtschrank.

Inzwischen hatte ich wieder gespielt. Niemand wußte bisher davon. In Husum, nach dem Dienst. Der Fahrzeugbrief brachte mich auf eine Idee. »So kommst du zu Geld!« Am nächsten Vormittag war ich auf der Bank. Mit dem vermeintlichen Auto als Sicherheit erhielt ich einen Kredit. Abends betrank ich mich, morgens ging ich zum Arzt und ließ mich mit Magen-Darm-Grippe krankschreiben. Damit Kerstin und Jens nichts merkten, fuhr ich nach Husum. Dort spielte ich zwei Tage am Stück.

Die Leistungen im Praktikum waren sehr schlecht. Ständig war ich in der Spielhalle und verspätete mich deswegen oder kam überhaupt nicht.

Meine Ärzte (ich hatte zwei, zeitweilig sogar drei gleichzeitig) stellten mir regelmäßig Atteste aus. Durch Magenspiegelung waren eine Magenschleimhautentzündung und ein kleines Geschwür festgestellt worden. Wenn ich nach zweieinhalb Tagen, in denen ich mich ausschließlich von Kaffee, Bier und Zigaretten »ernährt« hatte, in der Praxis erschien, war ich tatsächlich entsprechend krank. Schrieb mir der eine kein Attest, ging ich zum nächsten.

In der Schule setzte ich meine Praktikums-»Leistung« fort. Hatte ich meinem Klassenlehrer noch fest versprochen, mich dieses Jahr zu bessern, so fehlte ich schon bald wieder regelmäßig. Wenn ich mal anwesend war, war meine Leistung oft gleich null. Gedanklich war ich nicht beim Unterricht, sondern in der Spielhalle. Oft war ich noch betrunken in der Schule, oder ich nahm mir Bücher mit und las im Unterricht. Charles Bukowski war damals mein Favorit. Dem konnte ich selbst bei meiner immer größer werdenden Konzentrations- und Gedächtnisschwäche noch folgen. Der war genauso fertig wie ich.

Im August änderte sich die Situation. Kalle ging zur Bundeswehr und zog aus. Jens und ich nahmen uns eine kleine Wohnung. Kerstin begann ein freiwilliges soziales Jahr in Rendsburg, über fünfzig Kilometer von Niebüll entfernt. Sie kam nur an den Wochenenden.

Ich spielte noch mehr. Die Zeit, die ich bisher mit Kerstin verbracht hatte, investierte ich nun in die Spielhalle. Jeden Tag ging ich hin.

Trotzdem wurde der Kontakt zu Jens intensiver. Er paßte, so gut es ging, auf mich auf und ließ mich möglichst nicht allein. Die Wochenenden mit Kerstin waren auch tiefergehend als vorher; wir sahen uns seltener und hatten uns mehr zu erzählen.

Die Spannung, die in mir entstand, wurde immer größer. Alles spitzte sich zu.

Unser früherer Vermieter kam laufend, um seine Wechsel einzulösen. Jedesmal unterschrieb ich neue. Der Banktermin, an dem der Kredit fällig wurde, näherte sich; bisher hatte ich keinen Pfennig abgetragen. Auf einer anderen

Bank hatte ich ein Konto, das ebenfalls weit überzogen war. In der Schule häuften sich die Bemerkungen meiner neuen Klassenlehrerin; die Fehlstundenzahl war so hoch wie noch nie. Meinen Eltern fiel bei den seltener gewordenen Besuchen meine hektische Nervosität auf. Ihren Fragen antwortete ich ausweichend. Auch meine Erklärungen, warum ich das Schuljahr wiederholte, waren mehr als fadenscheinig. Mein jüngerer Bruder, der häufig bei mir übernachtete, ging immer öfter mit in die Spielhalle. Mit mir zusammen verspielte er das Geld auf seinem Sparbuch: 1.700 DM. Aus Jens' Schublade stahl ich 300 DM. Meine Schulden bei verschiedenen Leuten wuchsen. Kaum konnte ich in den »Trichter« oder ins Freizeit-Center gehen, ohne daß mich jemand ansprach:

»He, Uwe, ich krieg noch Geld von dir!«

Mein Alkoholkonsum stieg weiter. Ich betrank mich immer öfter und verlor auch immer häufiger die Kontrolle über das, was ich tat.

Einmal wollte ich Schluß machen mit meinem Leben. Ich war betrunken genug, um die Angst vor möglichen Schmerzen los zu sein. Ertränken wollte ich mich; also ging ich Richtung Badesee. Auf dem Weg kam ich am Haus eines Bekannten aus der Gemeinde vorbei. Ich wußte, daß er Raucher war. »Gehste kurz rein und schnorrste dir 'ne letzte Kippe.«

Drinnen saßen zu meiner Überraschung zwei Manfreds. Der erwähnte Bekannte und der Pastor aus Flensburg. Er war gerade zu Besuch. Aus mir brach alles heraus. Ich heulte und heulte. Bestimmt eine Stunde habe ich nur Wortfetzen geschluchzt und geheult. Manfred und Manfred sprachen lange mit mir. Zum Schluß beteten sie mit mir, und der Pastor fuhr mich nach Hause.

Nach einer mit Martin durchzechten Nacht erlebte ich meinen schlimmsten Ausraster. Wir waren in der Wohnung meiner Eltern. Sie waren nicht da und hatten mir übertragen, meinen jüngeren Bruder Frank zu wecken und zur Arbeit zu schicken. Morgens weckte ich ihn. Er stand zwar auf, aber als ich nachschaute, hatte er sich wieder hingelegt.

»Hab heute kein Bock zur Arbeit.«

Ich riß seine Bettdecke weg, er schnauzte mich an. Ich packte ihn am Kragen und schüttelte ihn. Er fing an zu schimpfen. Nach einer Weile jammerte er. Ich drehte völlig durch. Ich schlug auf ihn ein, biß, kratzte und beschimpfte ihn mit den schlimmsten Ausdrücken.

»Du willst Christ sein?!« brüllte ich ihn an. Viel später merkte ich, daß diese Schläge gar nicht Frank, sondern mir selbst gegolten hatten.

Er blutete stark, doch ich schlug immer weiter. Martin hörte das Schreien im Nebenzimmer. Er kam rübergerannt und riß mich von Frank weg. In meiner Wut schlug ich um mich und trat ein Loch in unsere hölzerne Küchentür, mit bloßem Fuß. Wäre Martin nicht dazwischengegangen, ich hätte Frank wahrscheinlich totgeschlagen.

Dann war da das schlechte Gewissen. Frank, meinen Eltern, dem Hauskreis, Jens und vor allen Dingen Kerstin gegenüber fühlte ich mich wie ein Schwein (Gott gegenüber übrigens nicht). Sie gaben sich so viel Mühe mit mir, und ich verspielte alles Geld und belog sie nach Strich und Faden. Oft dachte ich, ich müßte mich umbringen – den anderen zuliebe. Für sie müßte es doch eine große Erleichterung bedeuten, mich los zu sein.

Zwei Dinge hielten mich davon ab. Ich wußte, daß es einen Gott gibt. Und ich wußte: Wenn ich sterbe, komme ich nicht ins Nichts, lande nicht im Nirwana. Ich wußte, ich würde vor Gott stehen.

Außerdem dachte ich: Selbst, wenn mein Tod langfristig das Beste ist, könnte ich das meinen Eltern, die sowieso schon so viel Kummer durch uns Kinder hatten, nicht antun. Und ganz besonders Kerstin nicht. »Wenn Kerstin doch nur Schluß machen würde!« dachte ich oft. »Dann wäre endlich dieser Halt weg, und ich könnte mit dem ganzen Leben Schluß machen.« Aber sie blieb und hielt die Freundschaft aufrecht. Trotz aller Tränen, und obwohl sie meinetwegen so viel Leid zu tragen hatte.

Dem ganzen Elend stand Jens gegenüber. Er hatte sich verändert, war ein ganz aktiver Christ geworden. Ich verstand nicht, was mit ihm geschehen war, aber die Auswirkungen hatte ich klar und deutlich vor Augen. Er ging nicht mehr in den »Trichter«, spielte nicht mehr Skat, sondern war statt dessen mehrere Abende pro Woche auf christlichen Veranstaltungen. Er organisierte Wochenendtreffen unseres Hauskreises, lud immer wieder Leute in die Wohnung ein und sprach mit ihnen über die Bibel. Da sich das alles in unserer gemeinsamen Wohnung abspielte, bekam ich es hautnah mit. Außerdem schleifte er mich immer wieder mit zu Hauskreis und Gottesdienst. Oft wollte ich nicht, doch er ließ nicht locker.

3

Befreiungsversuche

Die innere Spannung wurde zu groß, ich ertrug sie nicht mehr. Ich wollte frei werden. Um mich herum erlebte ich Menschen, die sich veränderten, zum Guten veränderten. Das wollte ich auch. Alle Kraft, die ich noch hatte, raffte ich zusammen und versuchte alles, was ich tun konnte. Ich wollte frei werden.

Ich ging zur Drogenberatung; mit meinem Arzt sprach ich über mein Problem, fragte bei einer Psychotherapeutin um Rat; ich las Bücher zum Thema Spieler, Spielsucht und Süchte allgemein; Jens übernahm die Verwaltung meines Geldes; meinen bisherigen Schulweg legte ich so um, daß ich nicht mehr am Freizeit-Center vorbeikam; bestimmten Bekannten ging ich bewußt aus dem Weg. Nichts davon fruchtete.

Ich verlegte meine Versuche wieder in den christlichen Bereich. Es hatte doch schon einmal geklappt, ein ganzes Jahr lang kein Tropfen Alkohol!

Am Ort war eine Zeltevangelisation. Nach der Veranstaltung sprach ich mit dem Redner. Nachdem ich mein Problem geschildert hatte, betete er für mich. Ich fühlte mich bärenstark und ging – direkt in die Spielhalle.

So war es jedesmal. Ich sprach mit Christen unterschiedlichen Alters, verschiedener Gesinnung und Konfession, erfuhr Stärkung und Kraft, aber spätestens nach drei Tagen saß ich wieder vor dem Automaten.

Anfang Dezember 1986 folgte dann der nächste Zusammenbruch. Ich kam nachts total betrunken nach Hause, völlig verzweifelt. Das letzte, was mir noch einfiel, war, mich vor mein Bett zu knien und lallend und weinend zu beten: »Gott, wenn du wirklich lebst, dann hilf mir. Ich kann nicht mehr. Ich will sterben. Wenn du mir helfen kannst, dann hol mich jetzt hier heraus. Ich bin sogar bereit, nach deinen Bedingungen zu leben und alle meine eigenen Wünsche hintenan zu stellen. Ich bin bereit, alles zu tun, was du willst, aber hilf mir, sonst bringe ich mich um.«

Am nächsten Tag drückte Jens mir ein Buch in die Hand. Es handelte von dämonisch belasteten Menschen. Menschen, die gebunden sind und von ihrer Gebundenheit aus eigener Kraft nicht loskommen. An vielen Stellen konnte ich nicht glauben, was dort stand. Ich fand es überzogen und märchenhaft. Doch war mir während des Lesens eines aufgegangen: Es gibt zwei Machtbereiche, den Machtbereich Gottes und den des Teufels. Und ich wußte auch, daß ich gebunden war, denn ich kam nicht los von der Spielhalle, ob ich wollte oder nicht. An Gott war ich nicht gebunden, das war klar. Nun, da blieb nicht mehr viel anderes übrig.

In der Spielhalle hatte ich einmal eine eigenartige Erfahrung gemacht. Ich saß vor dem Automaten, mein Geld ging zu Ende. Unwillkürlich mußte ich an Goethes »Faust« denken. Der hatte sich ja die Erfüllung aller seiner Wünsche dadurch verschafft, daß er einen Pakt mit dem Teufel geschlossen hatte. Ich fragte mich, ob das möglich war.

Im selben Moment bekam ich zwei Ausspielungen, beides Hauptgewinne. Mir fuhr ein gewaltiger Schrecken in die Glieder. War das jetzt ein Zeichen vom Teufel? Normalerweise hätte ich gesagt: »Alles Unsinn!«; in dem Augenblick war ich mir nicht so sicher. (Das gewonnene Geld verspielte ich übrigens wieder und kam sogar noch zu spät zu Kerstin. Wie Faust stand ich nach einer Gewinnsträhne am Schluß mit noch mehr Problemen da.)

Jens und ich sprachen über das Buch. Auch darüber, daß ich glaubte, gebunden zu sein. Er nannte mir jemanden aus seiner Gemeinde. Zu dem sollte ich gehen, um mit ihm zu beten. »Das ist ein erfahrener Christ, der kennt sich aus in diesen Dingen.«

Ich rief dort an und schilderte mein Problem. Claus Clausen und seine Frau boten mir sofort ihre Hilfe an. Nur mußte ich zwei Wochen warten, sie fuhren in Urlaub. In diesen zwei Wochen geschah einiges.

Jens sprach mich auf meine Schulden an. Diesmal nannte ich ihm restlos alles, was sich angesammelt hatte: 17.000 DM. (Ich rechnete einmal grob durch; insgesamt hatte ich etwa 40.000 DM verspielt.) Er schlug mir eine Schuldzusammenlegung vor. Er selbst trat als Bürge für einen Kredit ein.

Montagabend wurden wir zum Hauskreis abgeholt. Manfred, unser Abholer, brachte normalerweise seinen Nachbarn mit, diesmal kam er alleine.

»Er will nicht mit, er ist betrunken, völlig zu. Ein paar Leute sind zu Besuch, und sie trinken munter weiter.«

Wir überlegten und beteten, schließlich fuhr ich rüber und holte ihn ab. Die letzten Meter gingen wir zu Fuß, zum Ausnüchtern. Er erzählte mir seine Geschichte. Spätaussiedler, Alkohol, Heroin, Gefängnis, Jugendsekte, Sozialhilfe – er hatte wirklich eine Menge hinter sich. Jetzt war es der Alkohol, der ihn gepackt hatte. (Heute ist er Christ, verheiratet, hat ein Kind und ist Pächter eines landwirtschaftlichen Betriebes.) Im Hauskreis wurde über ihn und sein Problem gesprochen. Eine Therapie schlug jemand vor. Ob, wo und wann wurde diskutiert.

An diesem Abend war Birgit da. Sie studierte in Berlin und arbeitete ehrenamtlich in einem »Teen-Challenge-Haus« mit, einer christlichen Rehabilitationseinrichtung für ehemalige Drogenabhängige. Sie hatte eine Liste mit, auf der alle christlichen Reha-Zentren der Bundesrepublik aufgeführt sind. Dieser Zusammenschluß nennt sich ACL (Arbeitsgemeinschaft christlicher Lebenshilfen; siehe Anhang). Als ich mir die Liste näher ansah, war ich verblüfft. Es wurden nicht nur Therapien für Alkohol- und Drogenabhängige angeboten, sondern auch für Menschen mit psychischen und sozialen Problemen. Auch Spieler? Ich sprach mit mehreren Leuten darüber, und bald stand mein Entschluß fest. Ich bewarb mich um einen Therapieplatz. An alle in Frage kommenden Adressen schrieb ich einen Brief, in dem ich meine speziellen Probleme schilderte.

Trotz dieser Versuche und hoffnungsvollen Lichtblicke ging ich spielen. Sobald ich dachte, keiner sieht mich, war ich im Freizeit-Center. Meist begnügte ich mich mit Zuschauen, denn Jens verwaltete ja jetzt mein Geld. Hier und da lieh ich mir ein paar Mark.

Der Tag kam; ich fuhr zu Clausens. Was da wohl vor sich gehen würde? Ich hatte keine Ahnung. Sicher irgend etwas Geheimnisvolles, Mystisches. So ganz wohl war mir nicht in meiner Haut. Aber gleichzeitig wußte ich: Meine Chance, aus der Spielsucht herauszukommen, stand bevor. Ich wußte um meine Gebundenheit. Vor diesem Mann erwartete ich, daß er sie löste. Ich hielt ihn für eine Art Wunderheiler. Nun, es gibt bei uns einen Spruch: Erstens kommt es anders, und zweitens, als man denkt.

Wendepunkt

Ein nettes, älteres Ehepaar empfing mich freundlich. Wir tranken Kaffee, aßen Kuchen. Claus ließ sich's schmecken; er war sehr menschlich, dieser vermeintliche Wundertäter.

Sie baten mich, ihnen mein Problem zu schildern. Ich tat es in groben Zügen.

Sie erzählten mir von Gott. Er sei heilig und gerecht. »Wir Menschen denken, Gott hat mit dem, was wir hier so machen, nicht viel zu tun. Deshalb geht unser Leben daneben, und wir werden immer wieder schuldig. In seiner Gerechtigkeit kann Gott nicht über die Sünde und ihre Folgen hinwegsehen.«

Claus erklärte mir auch, daß Sünde ein Zustand ist; das heißt, wir sind nicht Sünder, weil wir sündigen (etwas Falsches tun), sondern wir sündigen, weil wir von Gott getrennt leben.

Und was hatte sich dadurch in meinem Leben inzwischen alles angesammelt: jede Menge falsche Entscheidungen, Betrug, Brutalität, Süchte und kaputte Beziehungen. Wie konnte ich Gott da überhaupt noch unter die Augen kommen?

Aber Claus sagte: »Gott hat dich lieb. Er will in dein Leben kommen und dich zu einem neuen Menschen machen. Du kannst sein Kind werden.«

»Allen, die ihn aufnahmen, gab er die Kraft, Gottes Kinder zu werden.« (Johannes 1,12)

Das alles hatte ich wer weiß wie oft gehört, aber an diesem Tag begriff ich es zum erstenmal wirklich: Ich war verloren. Mit meiner Schlechtigkeit, meinem Riesenberg an Sünde und Schuld konnte ich nicht vor Gott bestehen. Aber Jesus wollte mich retten. »Das gibt's doch gar nicht – mich?« Ich begriff, was das heißt: Jesus ist für mich gestorben. Freiwillig. Ich schämte mich vor Gott.

Clausens fragten mich, ob ich diese Vergebung in Anspruch nehmen und mein Leben Gott geben wollte.

»Ja.«

Sie erklärten mir, daß Gott Sünden vergibt und uns von allen Sünden und Bindungen befreit, wenn wir sie ihm bekennen. Es sei gut, dieses Bekenntnis vor einem Seelsorger, einem Zeugen, abzulegen. »Wenn wir aber unsere Sünden bekennen, so ist er treu und gerecht und reinigt uns von aller Untugend.« (1.Johannes 1,9)

Sie erklärten mir auch, daß okkulte Praktiken wie Wahrsagerei und Spiritismus zu einer Bindung an den Teufel führen können, bewußt oder unbewußt. Will man davon frei werden, ist eine entschiedene Umkehr zu Jesus Christus und eine Absage an alle diese Praktiken nötig.

Sie drückten mir zwei Blätter in die Hand, die ich mit nach Hause nahm. Auf dem einen standen lauter Sünden:

Haß, Diebstahl, Ehebruch, alles mögliche. Auf dem anderen standen verschiedene okkulte Praktiken. Ich war einverstanden, anhand dieser Blätter meine Vergangenheit durchzukämmen und alles aufzuschreiben. Am nächsten Tag wollten wir das dann gemeinsam Gott sagen. Damit fuhr ich heim.

Zu Hause schrieb ich alles auf. Unglaublich viele Dinge fielen mir ein. Niemals hatte ich mir so bewußt eingestanden, wieviel Schuld – und Schuldgefühle – ich mit mir herumtrug. Ich schrieb etliche Seiten voll.

Clausens las ich alles vor. Die Dinge beim Namen zu nennen, wurde ein unglaublicher Kampf. Das Aufschreiben war schwierig genug gewesen, aber es Menschen zu erzählen! Mir saß ein dicker Kloß im Hals, den ich immer wieder runterschlucken mußte, laufend kam ich ins Stokken. Ich schämte mich für viele Dinge, besonders für die im sexuellen Bereich. Aber ich bekannte alles: jetzt oder nie, ganz oder gar nicht, die Chance wollte ich ergreifen. Dann knieten Claus, seine Frau und ich uns hin. Es war gut für mich, daß Claus die Sätze formulierte und ich sie beim Beten nachsprechen konnte. Auf diese Weise sagte ich mich von allen Gebundenheiten los, von restlos allen, nach langem Zögern sogar vom Rauchen. Das fiel mir schwer.

Seit Ostern '84 nannte ich mich Christ, aber zum ersten Mal kam dieser Satz über meine Lippen: »Jesus Christus, komm du in mein Leben und übernimm du die Herrschaft. Gestalte mich durch deinen Heiligen Geist zu einem Menschen nach Gottes Willen.«

Wir standen auf.

»Jetzt bist du frei«, sagte Claus, »du brauchst nicht mehr zu spielen, nicht mehr zu trinken, nicht mehr zu rauchen. Gott hat dich frei gemacht. Von Gott geschenkte Freiheit bedeutet aber auch Verantwortung. Du hast jetzt die Freiheit, zu spielen oder nicht zu spielen. Es liegt an dir, was du tust und wie du mit Gottes Geschenk umgehst.«

Er nannte mir einige praktische Dinge, die mir helfen

würden, mit dieser Verantwortung umzugehen: verbindlich in einer Gemeinde leben und mitarbeiten, täglich in der Bibel lesen, beten, nach den Zehn Geboten handeln und Gefahren meiden (Spielhallen, Pornofilme, …), und wenn ich doch gesündigt hätte, dann mit einem Christen darüber sprechen und beten.

Ich fragte Claus, wie es mit Geistesgaben sei (1. Korinther, Kapitel 12-14).

Er lachte: »Weißt du, Uwe, die Gabe, die du als erstes brauchst, ist die Gabe des Stühlerückens. Danach kannst du nach dem anderen fragen.«

Tischerücken war mir ein Begriff, aber Stühlerücken?

»Was ist denn das?«

»Das ist die Gabe, vor und nach dem Gottesdienst die Stühle hinzustellen und wegzutragen. Das ist die Gabe, die du im Moment brauchst: die Bereitschaft, mitzuhelfen.«

Wenig spektakulär …

Wir beteten für meine Zukunft, ganz besonders für einen Therapieplatz. Danach ging ich.

»Melde dich bei uns.«

Im Auto begriff ich langsam, was geschehen war; bisher war ich noch zu perplex gewesen. Nichts Mystisch-Geheimnisvolles hatte sich ereignet. Im Gegenteil! Ich war Gott begegnet, oder besser gesagt: Gott war mir begegnet!

Für mich war das Geschehene eine Neuauflage der Schöpfungsgeschichte des Menschen. Gott hatte sich in meinen Dreck gekniet und einen neuen Menschen aus mir geformt!

Unaussprechliche Freude kam in mir auf. Im Auto schob ich eine Kassette mit christlichen Liedern ein und sang aus voller Kehle (und Seele) mit.

Ich war gerettet! Aus den Klauen der Spielsucht befreit! Mein Leben fing an, ich war neu geboren, endlich geboren! Abends schrieb ich ein Gedicht.

und es gab tage
da wollte ich mich umbringen

und es gab nächte
da wollte ich es auch

und es gab götter
die sagten mir wie

und es gab Jesus
und der paßte auf.

Wartezeit: Fortschritte und Rückschläge

Mein Tagesablauf bekam eine ganz neue Gestalt. Alles war anders als vorher. Ich nahm mir täglich viel Zeit zum Beten und las in der Bibel, dem bisher so langweiligen Buch. Jetzt verschlang ich sie geradezu. Es war wie Hunger, der nur durch die Bibel gestillt wurde.

Meinen Freunden erzählte ich begeistert von Jesus.

Ich spielte nicht, trank nicht, rauchte nicht. Vom Rauchen frei zu werden, hatte ich mir allerdings ganz anders vorgestellt, als es nun tatsächlich war. Ich hatte mit einer Art »Fingerschnippen« Gottes gerechnet, das mich von einer Sekunde zur andern von der Sucht freimachen würde. Dem war nicht so, ganz und gar nicht. Die Gier nach Zigaretten war unbeschreiblich. Meine Lunge tat weh, sie verkrampfte sich ständig, ich bekam Husten und Zitteranfälle. Was muß wohl erst ein Drogenabhängiger durchmachen?

Entzug

Die Welt vergeht,
nur noch dieses Papier,
nur noch das.

Verschwimmen
Kratzen, Jucken, Beißen
in meiner Brust.
Nicht, bitte nicht.
Mal ist Abend
oder Abendmahl,
doch wie,
wenn's reißt
und zittert und
und ...

Bier her, Bier her
dann fall ich endlich um.

Heilungstheorie,
Psychoanalyse,
I-Ging,
Puzzlesteine
nutzloser
Gedanken
fetzen.

Roulette.
Nichts geht mehr
auf französisch.
Gedankenschranken.
Will schreien, laut schreien
und weinen – und

Patsch, macht die Hand
auf meiner Schulter.
Nächstes Geräusch:
Komm, laß uns beten.
Danke und danke,
danke.

Das Gedicht entstand an einem Montagabend, kurz vor
dem Hauskreis. Ich war völlig fertig. Gier nach Zigaretten,

zügellose Lust zu spielen, am liebsten hätte ich mich vollaufen lassen bis zum Umkippen. Jens kam herein und betete mit mir.

Nach zehn Tagen rauchte ich wieder. Am zweiten Weihnachtsfeiertag. Mit viel Mühe hatte ich das Weihnachtsfest in einer durchweg rauchenden Familie überstanden. Jetzt saß ich mit meinem älteren Bruder im Café, und wir unterhielten uns angeregt. Ich erzählte ihm von den Ereignissen der letzten Wochen und den Veränderungen in meinem Leben. Plötzlich meldete sich ein kleiner Gedanke.

»Eine kannste mitrauchen, als Zeichen der Verbundenheit mit Peter. Sie kann dir ja nichts anhaben, du bist ja frei.«

Ich ließ mir eine Zigarette geben. Am Abend stahl ich heimlich zwei Zigaretten aus dem Etui meiner Eltern, am nächsten Tag zog ich mir eine Schachtel am Automaten, nach zwei Tagen hatte ich mein altes Quantum erreicht.

Ähnliche Niederlagen häuften sich. Es dauerte nicht lange, und ich trank meinen Kaffee wieder in den Vorräumen des Freizeit-Centers. Wenn ich Geld in der Tasche hatte, gab ich es meistens für irgendwelchen unnötigen Kram aus; es hielt sich nicht in meinem Portemonnaie. Einmal spielte ich sogar wieder.

Diese Niederlagen waren – und das wurde mir erst später bewußt – alle von ein und demselben Umstand begleitet. Ihnen ging Stolz voraus. Jedesmal war ich stolz auf das, was ich geschafft hatte. Jedesmal, wenn ich mir auf die Schulter klopfte, folgte geradezu automatisch ein Fall auf die Nase. Das hat sich bis heute nicht geändert. Ich wunderte mich nicht, ein altbekanntes Sprichwort in der Bibel wiederzufinden. In Sprüche 16 Vers 18 las ich:

»Hochmut kommt vor dem Fall.«

Die meisten Reha-Zentren sagten ab. Sie waren entweder langfristig belegt oder nahmen keine Spielsüchtigen auf.

Nur eine einzige positive Antwort kam. Mit dem Missionswerk »Hoffnung für dich« vereinbarte ich ein Vorstellungsgespräch.

Jens lieh mir sein Auto. Am 10. Januar 1987 fuhr ich nach Falkenberg bei Kassel, gut fünfhundertfünfzig Kilometer von meinem Wohnort entfernt. Die Fahrt wurde zu einem Abenteuer. In ganz Deutschland lag Schnee, es fror sehr stark. Viele Autobahnen waren gesperrt. Meine Eltern rieten mir von der Fahrt ab. Jens' Corolla war auch nicht der neueste, aber ich sah mich durch mehrere Umstände bestätigt, zu fahren, und dachte mir: »Man muß im Glauben auch mal was wagen!«

Die Autofahrt wurde eine riesige Bestätigung dafür, daß ich die richtige Therapie besuchte. Ich erlebte Gottes Größe hautnah.

Kurz vor Hannover, auf der A 7, kam ich bei siebzig Stundenkilometern ins Schleudern. Der Wagen drehte sich dreimal um die eigene Achse . . . und kam dann auf dem Seitenstreifen zum Stehen. Der vierte Gang war eingelegt, das Gaspedal voll durchgetreten! Sofort trat ich auf die Kupplung und nahm den Gang raus. Ich atmete schwer durch, Arno & Andreas sangen von der Kassette. Wirre Gedanken schossen mir durch den Kopf. Was war das gewesen? Ich war erleichtert und verstört zugleich.

An der nächsten Raststätte hielt ich an, holte mir eine Tasse Kaffee und setzte mich an einen Tisch. »Gott, was ist da passiert?« Ich wollte in der Bibel eine Erklärung finden, aber wo stand so etwas? Ich kramte nach einem Heft, »Kleiner Wegweiser in die Heilige Schrift«. Unter »Was muß ich lesen, wenn mir Gefahr droht« war Psalm 91 angegeben. Also schlug ich diesen Psalm auf und fand als erstes eine Ermutigung: »Wenn auch tausend fallen zu deiner Seite und zehntausend zu deiner Rechten, so wird es dich nicht treffen.«

Meine leisen Zweifel: »Wärst du doch besser nicht . . .!?« verflogen. Wirklich, während der ganzen Fahrt hatte ich mich über die vielen Unfälle auf der A 7 gewundert.

Ein paar Verse weiter stieß ich auf eine Art Erklärung für das Wunder mit dem Gaspedal: »Dir begegnet kein Unheil, kein Unglück naht deinem Zelt. Denn der Herr befiehlt seinen Engeln, dich zu behüten auf allen deinen Wegen.«

Vor ein paar Wochen noch hätte ich gelacht, jetzt konnte ich das glauben: Gottes Engel hatten den Motor trotz eingelegtem vierten Gang und Vollgas angehalten.

Ich fuhr weiter.

Am nächsten Morgen kam ich nur fünf Minuten zu spät in Falkenberg an. Aber was hatte ich alles hinter mir: kurz nach der Rast eine gebrochene Achse, eineinhalb Stunden Festliegen auf der Autobahn bei 28 Grad Kälte, einige Stunden per Anhalter fahren, ein gutes Stück Bahnfahrt und schließlich einen Fußmarsch. Und dann fast pünktlich!

Diese eigentümliche Fahrt hatte mir meine letzten Anflüge von »was brauche ich denn eine Therapie, es gibt doch noch kaputtere Typen« genommen. Denn gerade in dieser schwierigen Nacht hatte ich erfahren, wie wenig ich ohne Gottes Hilfe ausrichten konnte, und wieviel schneller ein Fluch über meine Lippen kam, als ein Lob Gottes.

Der Platz wurde mir zugesagt, nur die Klärung der Kostenfrage zögerte sich lange hin. Spielsucht war als Sucht nicht anerkannt, und ich mußte beim Sozialamt einen Kostenantrag über den Umweg einer »sozialen Behinderung« stellen. Im Mai begann ich die Therapie dennoch, ohne Kostenträger. Ein weiteres Warten sei schlecht für mich, erfuhr ich am Telefon. Nun, mit dieser Ferndiagnose traf man den Nagel auf den Kopf.

Vieles war in den letzten Monaten geschehen, seit ich mich für ein Leben mit Jesus entschieden hatte. Bereits im Dezember, noch vor dem Gespräch mit Clausens, hatte ich meine Ausbildung unterbrochen. Als ich den Lehrern meine Situation erklärte und von meinen Therapieplänen berichtete, gaben sie mir die Garantie, bei einer erfolgreich absolvierten Therapie wieder aufgenommen zu werden. Und das mir! Ich hatte bereits eine Klasse wiederholt, mehrfach Versprechungen gemacht und immer das Gegenteil getan – was für ein Wunder!

Meine freie Zeit füllte ich mit Aktivitäten in der Gemeinde. Dabei machte ich viele gute Erfahrungen. Gemeinsam mit Jens und den Christen in unserer Umgebung wollte ich anderen Menschen sagen, wie sehr Gott sie liebt.

Einmal predigte ich sogar in einem Jugendgottesdienst. Immer mehr Jugendliche, die sonst in keine Kirche gingen, kamen zu unseren Veranstaltungen.

Außerdem saß ich viel an der Schreibmaschine, schrieb Gedichte und Kurzgeschichten und träumte davon, entweder Schriftsteller oder Evangelist zu werden.

Die vielen christlichen Akivitäten waren Zeichen meines neuen Lebens; doch gleichzeitig schlichen sich wieder alte Verhaltensweisen ein.

Schon wenige Wochen nach meinem Rückfall ins Rauchen verbrauchte ich wieder einen Beutel Tabak pro Tag, das sind fünfzig Zigaretten. Mein Fernsehkonsum wuchs stetig. Kein Boris-Becker-Match ließ ich aus. Bald waren es mindestens vier Stunden pro Tag. Mittwochs zog ich den Europapokal wieder den Bibelstunden vor. Anfangs war ich jeden Morgen mit Jens aufgestanden. Wir frühstückten gemeinsam, er ging zur Schule, ich las in der Bibel und betete. Bald legte ich mich nach dem Frühstück wieder ins Bett. Nicht lange, und ich blieb von vornherein liegen.

Ich war hin und her gerissen. Auf der einen Seite war ich ein aktiver und engagierter Christ; trotzdem verschlechterten sich mein Zustand und meine Motivation immer mehr. Ich mochte keinen Job anfangen. Ich hatte keine Lust, rechtfertigte mich aber vor mir selbst und anderen damit, daß die Therapie jeden Tag anfangen könnte.

Es war mittlerweile Ende April. Seit fünf Monaten hing ich in der Schwebe. Eines Abends saß ich in meinem Zimmer und betete. Während des Gebets wuchs in mir die Gewißheit: Uwe, du mußt jetzt etwas Verbindliches tun. Da ich meinen Zivildienst noch vor mir hatte, beschloß ich, mich am nächsten Tag um eine Stelle zu bewerben.

Morgens war in der Post eine Karte vom Missionswerk: »Bitte anrufen.«

Ich rief an. Ein Therapieplatz war frei – ich konnte kommen!

Diese Erfahrung ist typisch für viele andere, die ich inzwischen gemacht habe. Ich sitze herum und warte darauf, daß Gott eingreift. Nichts geschieht. Sobald ich jedoch aufstehe und losgehe, handelt er. Er zeigt mir die richtige Richtung, denn wie in diesem Fall schlage ich oft die falsche ein. Trotzdem wartet Gott erst meine Bereitschaft ab, wirklich etwas zu tun.

Der Abschied war schwer. Trotzdem freute ich mich. Es war der richtige nächste Schritt, das wußte ich.

Der härteste Abschied war natürlich der von Kerstin. Wir hatten in den letzten Monaten ganz neue Möglichkeiten in unserer Beziehung entdeckt. Zum Beispiel, zusammen zu beten. Kerstin war auch Christ geworden. Man stelle sich das einmal vor! Gott benutzte mich dazu in meiner kaputten Zeit – Gott ist so ein guter, gnädiger Gott. Man kann oft nur noch staunen, wenn man sieht, wie er sich um Menschen kümmert.

Vieles in unserer Beziehung hatte sich dadurch verändert, besonders auch im sexuellen Bereich. Jetzt richtete ich mich nach dem, was die Bibel sagte. Der von Gott gestiftete Rahmen für den Geschlechtsverkehr ist die Ehe. Darin einen Segen zu sehen, fällt vielen christlich erzogenen jungen Leuten schwer – was ich gut verstehen kann. Damit hätte mir ja früher auch keiner kommen dürfen! Leider muß ich aus eigener Erfahrung sagen, daß ich schwer unter den Bildern aus Pornofilmen gelitten habe, die ständig in meiner Phantasie hochkamen. Ich hatte eine ungeheure Sehnsucht danach, Liebe zu empfinden, und dabei nicht automatisch an Sex zu denken.

Nicht mehr unsere Partnerschaft, sondern Gott war der Mittelpunkt unseres Lebens. Und gerade dadurch erhielt unsere Beziehung eine ganz neue Tiefe. Wir waren uns näher als je zuvor.

Auch wenn der Abschied uns sehr schwerfiel, hatte er etwas Positives. Jeder von uns hatte die Chance, unabhängig von unserer Beziehung, im Glauben an Gott reifer zu werden. Nach der Therapie wollten wir heiraten. Wir sahen das als Prüfungszeit an. Bedenken, daß irgend etwas dazwischen kommen könnte, hatte ich nicht.

Therapie: Schmerzen und Heilung

Der Mann am Bahnhof machte große Augen. Lässig die Kippe im Mundwinkel schenkte ich ihm mein halbvolles Päckchen Zigaretten.

»Warum?«

»Ich rauche nicht mehr.«

Thomas, ein Zivildienstleistender und für die nächsten neun Monate mein Zimmergenosse, holte mich vom Bahnhof ab. Ich stellte ihm ein paar Fragen, er antwortete knapp oder gar nicht.

»Puuh,« dachte ich, »das kann ja heiter werden.«

Wurde es. Thomas hatte keineswegs besonders schlechte Laune gehabt. Er war ein Schweiger, sagte selten was. Oft unterhielten wir uns abends von Bett zu Bett. Manchmal hörte er mitten im Gespräch auf. Ach, hab ich mich geärgert! Aber auch viel gelernt. Ich war gezwungen, nicht jedes Thema haarklein auszudiskutieren. Jemanden in seiner Meinung stehenlassen oder selbst stehengelassen werden – eine schwere Übung! Bei Thomas konnte ich besonders über das letztere viel lernen. Ansonsten verstanden wir uns gut. Er wurde mir ein lieber Freund.

Die ersten drei Wochen waren hart. Aus therapeutischen Gründen durfte ich keinen Kontakt nach draußen haben. Alles war fremd; keine Briefe, keine Zigaretten, ständige Unruhe, ungewohntes Arbeiten. Fünfeinhalb Stunden täglich sind nicht viel, aber wenn man noch nie kontinuierlich gearbeitet hat, können sie ewig lang werden.

Arbeit gibt es im Missionswerk genug. Wir leben in einem alten Schloß, da muß ständig renoviert, umgebaut, Dach gedeckt, angebaut werden. Es gibt einen Reitstall mit fast zwanzig Pferden und eine gutgehende Töpferei. Bei beiden fallen eine Menge Arbeiten an. Zunächst war ich mal hier, mal da beschäftigt. Unkraut jäten, Stroh fahren, Schränke schleppen, Dach decken. Dann baute ich zusammen mit einem Praktikanten drei Monate lang ein Zimmer aus. Von September bis zum Ende der Therapie wurde ich schließlich in der Töpferei eingesetzt.

In den ersten Wochen spielte ich jeden Abend Tischtennis oder Fußballkicker. Ruhe ertrug ich nicht, dazu war ich innerlich viel zu aufgewühlt. Ausnahme war die dreiviertel Stunde am Morgen, in der wir eine Andacht hörten und danach eine Zeit der Stille hatten. Ich nutzte sie zum Beten, zum Nachdenken über die Andacht oder zum Bibellesen. Hier tankte ich regelmäßig auf.

Die drei Wochen gingen vorüber. Ich bekam endlich Post von Kerstin und fühlte mich blendend. Die eigenartige Unruhe nahm ich nicht mehr zur Kenntnis. Allerdings störte mich, daß ich aß und aß und in sechs Wochen acht Kilo zunahm. Ich schrieb Kerstin: »Solltest Du mich besuchen und nicht gleich erkennen: ich bin der Dicke mit der Brille.« Ich war fröhlich und gab mich selbstsicher. Oft sprachen die anderen Rehabilitanden davon, daß bei ihnen etwas »hochkäme«. Ich verstand sie nicht und dachte nur: »Na ja, bei euch. Aber was soll bei mir schon hochkommen? Gott hat mich schließlich frei gemacht.«

Axel, Leiter der therapeutischen Wohngemeinschaft,

sprach mich darauf an: »Sag mal, Uwe, was willst du eigentlich hier? Dir geht es doch viel zu gut. Geh ruhig nach Hause.«

Ich erschrak. Das wollte ich nicht. Ich wußte, ich würde noch nicht standhalten. Irgendwann würde ich zu Hause den Versuchungen erliegen, wieder rauchen und in der Spielhalle sitzen. Ich dachte an die Zeit vor der Therapie. Kontinuierlich war es den Berg runter gegangen. Das wollte ich auf keinen Fall. Umkippen, spielen – dann wäre ich unweigerlich da gelandet, wo ich im Dezember gewesen war. Und noch einmal so tief unten, das würde ich nicht überleben. Ich war realistisch genug, um zu wissen: Das nächste Mal ist das letzte. Noch mal würde ich nicht so lange mit dem Selbstmord warten. Aber ich wollte leben! Jetzt hatte ich endlich erfahren, was Leben ist. Deshalb war meine Einstellung zur Therapie auch klar: Komme, was da wolle – ich mache es. Ich war auf dem Weg des Lebens und darauf wollte ich bleiben. Meine Antwort an Axel war ehrlicher, als oft zu mir selbst: »Nein, so gut geht es mir gar nicht. Genau genommen geht es mir total dreckig. Ich weiß, ich bin noch nicht stabil genug, um nach Hause zu gehen, aber ich weiß auch nicht, was ich ändern soll.«

»Wenn es dir tatsächlich so schlecht geht, wie du sagst, dann zeig das auch. So, wie du dich gibst, kann man dir das nicht glauben. Das mußt du ändern, Uwe. Sei so, wie es dir geht, lebe das.«

»Wie: Leben? Du hast gut reden!«

Meine Antwort war eine Mischung aus Trotz und Resignation. Gefühle zeigen! Gefühle ausleben, ich! Jahrelang hatte ich in der Spielhalle geübt, kühl zu sein. Keep cool, Baby. Pokerface. Als Kind hatte ich dauernd geheult. Heulsuse haben sie mich gerufen. Vor'm Spiegel habe ich daraufhin das neutralste Gesicht eingeübt. Stundenlang einstudiert. Und nun so was.

Beim Bibellesen stieß ich auf Psalm 51,19: »Die Opfer, die Gott gefallen, sind ein geängsteter Geist, ein geängstetes, zerschlagenes Herz wirst du, Gott, nicht verachten.«

Ich betete: »Herr, bitte laß mich Gefühle zeigen. Bitte brich die aufgetürmten Mauern aus Verletztheit und aus Hochmut, Eitelkeit und Stolz.«

Nach sechs bis acht Wochen regten sich die Gefühle. Eine Zeit voller Aggressionen begann. Ich hatte oft regelrechte Wutausbrüche. Mit einem der anderen Rehabilitanden entwickelte sich ein Dauerstreit. Wo immer wir aufeinander kamen, lagen wir uns in den Haaren. Bei einer dieser Auseinandersetzungen drehte er sich plötzlich um und ging ohne eine Antwort. Ich hinterher.

»Antworte gefälligst, wenn ich dich was frage.«

Er blieb stumm und schloß sich ins Klo ein. Wutentbrannt trommelte ich mit den Fäusten gegen die Toilettentür. Kurz bevor ich sie eingeschlagen hatte, kam ich zur Besinnung. Ich rannte in mein Zimmer und warf mich auf mein Bett. Mein Herz hämmerte, das Blut pochte in den Schläfen. Tränen standen mir in den Augen, raus kamen sie nicht. Es fiel mir schwer, zu beten. Ich Versager soll zu Gott kommen? Ich weiß noch genau, wie ich in der Zeit oft gebetet habe: »Gott, du bist selbst schuld, daß du so einen Versager gerettet hast, hättest ja jemand anderes nehmen können.«

Ich kniete mich vor mein Bett und bat Gott um Vergebung und um Liebe. Später ging ich hin und entschuldigte mich.

Bei einem anderen Streit auf dem Baugerüst warf ich die Drahtbürste nach ihm.

Martin, mein Seelsorger, hatte Schwerstarbeit zu leisten. Die wöchentlichen Seelsorgegespräche liefen recht ähnlich ab.

Ich schimpfte: »Noch mal entschuldige ich mich aber nicht! Der hat schließlich angefangen.«

Geduldig wartete Martin die lauteste Phase ab, erst dann fragte er mich: »Und was hast du gemacht? Wie bist du mit ihm umgegangen? In Liebe? Was steht denn in der

Bibel? 'Habe recht gegenüber deinem Nächsten', oder ›liebe ihn‹?«

Mit unbestechlichem Erinnerungsvermögen, das jede Kleinigkeit erfaßte, rekonstruierte und analysierte Martin die jeweiligen Streitsituationen. Ergebnis: Bis auf ganz wenige Ausnahmen waren Lappalien oder kleine Mißverständnisse die Auslöser für einen großen Streit gewesen.

Ich gab zu, daß ich falsch gehandelt hatte. Nach den Gesprächen ging ich mich meistens entschuldigen. Konsequent lernte ich einige Monate lang, eigene Schuld zu erkennen, vor Gott zu bekennen und vor Menschen zu verantworten und zu bereinigen. Es fiel mir unglaublich schwer.

Normalerweise gab ich für alles und jedes anderen die Schuld. Immer hatte ich eine Ausrede zur Hand und versuchte, mich zu rechtfertigen. In den unmöglichsten Situationen tat ich es noch. Bei einem Fußballturnier verschoß ich einen Elfmeter. Verärgert drehte ich mich um und brüllte einen Mitspieler an. Der konnte nun wirklich nichts dafür, daß ich auf den Torwart gezielt hatte!

Zwischen all den Dingen, die Schmerzen verursachten, heilsame Schmerzen, lagen auch wunderbar schöne Erfahrungen. Nach wenigen Wochen hörte ich mich »wir« sagen. Ich erzählte von Falkenberg und sagte »wir«. Wir! Nie hatte ich das gekonnt, immer war ich Außenseiter gewesen. In der Schule war ich der blöde Arbeitersohn, zu Hause der arrogante Gymnasiast, im Sportverein erst der Versager, später der Meckerfritze, im Dorf gehörte ich nie richtig dazu, weil ich nicht Plattdeutsch sprach (in einem friesischen Dorf bleibst du auch nach sechzehn Jahren Zugezogener), in der Disco stand ich außen vor; die Christen hatten mir imponiert, aber ich war nicht so wie sie, immer stand ich daneben. Mein Leben lang hatte ich mich isoliert gefühlt – und jetzt: WIR.

Im gleichen Therapieabschnitt stieg neben den Aggressionen Angst in mir auf. Lange erkannte ich sie gar nicht als Angst. Ich wachte morgens schweißgebadet auf und bekam Atembeklemmungen. Drei Schritte, und mir blieb die Luft weg. Eine ganze Weile suchte ich nach der Ursache, betete um Besserung und bat schließlich erfahrene Christen, mir die Hände aufzulegen und für meine Heilung zu beten (nach Jakobus 5,13+14). Aber nichts änderte sich. Erst viel später erkannte ich die Ursache der Symptome: eine Allergie und als Hauptgrund Angst. Ich wußte mir nicht zu erklären, wovor ich mich fürchten könnte. Ich hatte keine leise Ahnung. Die Angst weitete sich aus.

Ich wurde gebeten, nach dem Essen in zwei, drei Sätzen zu erzählen, was mir in der Andacht vom Morgen wichtig geworden war. Meine Hände begannen zu schwitzen, meine Knie zitterten, meine Stimme bebte und mein Atem stockte. Nur mit Mühe und Not brachte ich die Sätze heraus. Und so was passierte mir! Wo doch Reden meine größte Begabung war!

Kaum etwas, das ich anfaßte, gelang richtig. Ich versuchte es mit Töpfern. Leidlichen Anfängen folgten ein paar gute Stücke.

»Du hast eine gute Talent«, sagte David, der Leiter der Töpferei, ein Amerikaner.

Doch dann folgte die große Flaute. Mehrere Abende hintereinander gelang nicht ein einziges Stück. Dabei hatte ich mir extra niedrige Ziele gesetzt. Eine schlichte, einfache Tasse wollte ich drehen, nichts weiter. Meist hing ich halbwegs verzweifelt über dem Tonklumpen, den Tränen nahe. Ich fühlte mich als Versager.

»Ich bin der ungeschickteste Mensch auf der Welt. Ich pack's nicht, ich pack's einfach nicht!«

Samstags nachmittags spielten wir Fußball. Das war so ziemlich der einzige Kontakt, den wir zur »Außenwelt« hatten. Die meiste Zeit verbrachten wir im Schloß, und Falkenberg selbst ist ein kleines, verschlafenes Nest. Zum Fußball kamen einige junge Männer aus Nachbarorten. Mein Herz schlug höher. Der Berufswunsch Evangelist schwirrte immer noch vage durch meinen Kopf.

»Denen zeigst du, was ein Christ ist.«

Aber ich versagte kläglich.

Schon früher hatte ich nicht verlieren können. Sobald es schlecht lief, fing ich an zu schimpfen. In meiner letzten A-Jugend-Saison war ich deswegen fünfmal vom Platz geflogen. Heute war es nicht viel anders. Kaum hatte ich den Platz betreten, brach mein alter Fußball-Ehrgeiz wieder durch. Alle guten Vorsätze waren dahin. Ein Fehler, und ich schrie meine Mitspieler an. Mit meiner eigenen Leistung war ich völlig unzufrieden. Ich hatte keinen Antritt, keine Kondition, kein Ballgefühl. Das machte mich noch aggressiver. Ich schimpfte mit mir und den anderen. Mit einigen Mitspielern zerstritt ich mich. Hinterher schämte ich mich jedesmal. Ich faßte neue Vorsätze, betete vor jedem Spiel – und doch rastete ich jedesmal aufs neue aus.

»Martin, vielleicht ist es besser, wenn ich nicht mehr Fußball spiele.«

»Nein, ich glaube, das ist falsch. Du mußt lernen, mit solchen Situationen umzugehen.«

Ich lernte. Langsam. Manchmal so langsam, daß ich erst Monate später im Rückblick erkannte, daß ich Fortschritte gemacht hatte. Einmal schrie ich bei einem Fußballturnier so laut über das Feld, daß alle Mitspieler und Zuschauer betroffen schwiegen. Und doch erlebte – und erlebe ich auch noch heute – gerade in Zeiten eigener Niederlagen, daß Gott mich nicht im Stich läßt. Zwei Erlebnisse haben sich mir ganz besonders eingeprägt.

Da war zum einen der Dauerstreit mit einem der Rehabilitanden. Wir hatten uns oft beieinander entschuldigt, hatten miteinander gebetet. Aber bald lagen wir wieder im Clinch.

Eines Abends passierte es dann – ein völlig neues Erlebnis für mich: Wir führten eines unserer normalen Entschuldigungsgespräche. Plötzlich brach es aus uns beiden heraus. Wir sprachen mit einemmal bedingungslos und offen über unsere heimlichsten Gedanken. Keiner beschönigte etwas; wir listeten einfach alles auf. Anschließend erzählte jeder von seiner Vergangenheit, seiner Verletztheit und seiner Schuld. Nach eineinhalb Stunden beteten wir gemeinsam und sagten alles Gott. Wir waren dankbar für den Abend, für die Offenheit, für das Gespräch. Und wir vergaben uns gegenseitig. Am Ende nahmen wir uns in den Arm! Zwei, die sich vorher nicht ausstehen konnten, waren Freunde geworden! Tränen liefen mir übers Gesicht. Tränen! Ach, wie hatte ich die herbeigesehnt, wie hatte ich mir gewünscht, endlich wieder weinen zu können! Jetzt tat ich es. Und es waren Freudentränen.

Wir haben uns auch danach noch sehr oft gestritten. Aber dieses Erlebnis, wie Gottes Liebe unsere Beziehung so tiefgreifend verändert hatte, verband uns. Ich hatte ganz praktisch erfahren: Wo meine Liebe aufhört, fängt Gottes Liebe an.

Das andere Mal erlebte ich Gott hautnah, als wir in Gießen einen Gottesdienst gestalteten. Ich wurde gefragt, ob ich von meinem Leben und meinen Erfahrungen mit Gott erzählen könnte. In drei Minuten – und vor sechshundert Zuhörern! Die Freude über diese Möglichkeit überwog sogar meine Nervosität und Angst.

Um die letzten Einzelheiten zu besprechen, ging ich kurz vor Beginn des Gottesdienstes zu Rolf, dem Vorsitzenden des Missionswerkes. Er sah, daß ich eine alte, geflickte Hose anhatte. Da fuhr er mich an: »Was ist das denn für eine Hose? Ich hatte doch extra gesagt, ihr sollt euch ordentliche Sachen anziehen.«

Eine kurze Auseinandersetzung folgte. Ich war wütend.

»Erzähl den Leuten doch selber was. Für so einen engstirnigen Scheißladen stelle ich mich jedenfalls nicht nach vorne!«

»Brauchst du auch nicht.«

Ich drehte mich um: »Arschloch.«

Langsam schlich ich durch den großen Gottesdienstraum. Meine Beine waren wie aus Blei. Schwer zog ich sie durch die Reihen.

In mir brach eine Welt zusammen. Ich hatte versagt. Wieder versagt, wieder etwas nicht geschafft. Wie immer. Kurz vorher ein Fehler – und aus! Ich wurde trotzig und ging. Wie so oft in meinem Leben. Ich war völlig leer. Ich wollte nicht mehr.

Leise Stimmen flüsterten in mein Ohr:

»Wozu Therapie? Schau dich doch an! So lange bist du schon dabei, und nun das. Was hast du gelernt? Nichts!«

»Gib's auf, du wirst immer versagen.«

»Laß es, geh spielen.«

»Besauf dich, dann haste Ruh.«

»Mit solchen Leuten willst du zusammensein? Mit solchen kleinkarierten Stinkern? Ach, hör doch auf!«

»Schmeiß alles hin; es hat sowieso keinen Sinn.«

Resignation, Verzweiflung, Enttäuschung, Wut und Selbstmitleid, nur noch diese furchtbare Mischung spürte ich in Kopf, Herz und Magen. Spielhalle! Schnurstracks in die nächste Spielhalle, sonst wollte ich nichts mehr.

Still meldete sich durch das ganze Wirrwarr eine andere Stimme: Willst du nicht Gott fragen? Was meint er wohl dazu? Wie steht's mit deinem Gebet: ›Herr, wenn du mir hilfst, will ich alles für dich tun . . .‹? Hat Gott dir geholfen, oder nicht?

Es traf mich wie ein Schlag. Ich konnte nicht mehr weitergehen. Ich setzte mich auf einen Stuhl und betete. Wie durch einen Nebel hindurch erkannte ich etwas. Langsam, aber immer schärfer stand mir vor Augen, warum ich so verärgert war. Doch wohl meinetwegen. Weil mein Auftritt geplatzt war. Nicht wegen Gott. Dabei war ich doch seinetwegen hier. Von ihm wollte ich erzählen – von dem, was er in meinem Leben getan hatte.

»Ja, Herr, du hast recht«, betete ich, »vergib mir. Bitte

laß mich jetzt nicht neidisch sein, daß jemand anderes vorne steht. Bitte schenke mir die Möglichkeit, hinterher auf Rolf zuzugehen und die ganze Sache zu klären. Bitte, lieber Herr Jesus, laß du deinen Willen geschehen.«

Kaum hatte ich das ausgesprochen, da schob sich Axel durch die Stuhlreihen und kam zu mir. Er fragte, was los sei, und bat mich, nach vorne zu gehen und von meinem Leben zu erzählen. Ich ging. Und ich hatte etwas zu sagen.

»Auch wenn man Christ ist, läuft noch lange nicht alles glatt. Auch unter Christen gibt es Streit. Gerade vorhin habe ich mich mit Rolf in die Wolle gekriegt.«

Ich tauschte einige zögernd freundliche Blicke mit Rolf. Er saß in der ersten Reihe.

»Aber Gott ist noch größer als irgendein Streit. Er ist der Herr. Er hat versprochen zu helfen, und er tut es auch!«

Zwei Tage später setzten Rolf und ich uns zusammen und räumten alle Unklarheiten aus. Auch hier hatte wieder manches seinen Ursprung in wochenlang unausgesprochenen Mißverständnissen.

Viele Probleme nahmen längere Zeit in Anspruch. Endlich fand ich die Ursache für meine Atemnot und das ständige Schwitzen heraus. Es waren weder, wie ich heimlich gefürchtet hatte, dämonische Mächte in mir, noch hatte ich Angst vor irgendeinem äußeren Einfluß. Nein, die Angst kam von innen. Jetzt löste sich, was sich jahrelang in mich hineingefressen hatte. Ich konnte sozusagen organisch erleben, wie sich die Spannungen meiner Seele entluden. Jetzt verstand ich die Aussage: Da kommt was hoch.« Mit Hilfe meines Seelsorgers lernte ich, Gott zu danken. Daß er diesen Moder meiner dreiundzwanzig Lebensjahre entfernte, war Grund genug.

Die Therapie wurde härter, als ich mir jemals vorgestellt hatte. Stück für Stück zog Gott den Boden meines bisherigen Lebens unter mir weg, aber immer nur so viel, wie ich verkraften konnte. Er ersetzte das alte Fundament durch ein neues. Wo ich bisher auf meine Stärke gesetzt hatte, lernte ich, Gott zu vertrauen. Aber, wie gesagt: Es war hart.

Die letzte und größte Stütze war Kerstin. Ich dachte: »Also, wenn diese Beziehung eines Tages kaputtgeht und ich dann trotzdem nicht von hier abhaue, halte ich die Therapie auch durch. Etwas Schlimmeres könnte ja gar nicht mehr passieren.«

Dieser Nebensatz wurde zur Prophetie. Ein Brief von Kerstin kam. Es war vorbei. Schluß. Sie hatte einen anderen Freund. Ich war am Boden zerstört. Es tat unglaublich weh. Das konnte doch nicht sein! Ich wollte es nicht wahrhaben, aber es war so. Vorbei. Ende. Aus.

Es dauerte vier Monate, bis ich die Trennung überwunden hatte. Es wurde der schwerste Therapieabschnitt. Wieder und wieder betete ich: »Wozu, Gott? Wozu? Was soll jetzt werden? Was ist deine Absicht? Ich verstehe dich nicht. Ich bin traurig und verletzt und wütend.«

Mein Brief an Kerstin blieb unbeantwortet. Ich mußte allein hindurch. Aber Gott war da. Die Erfahrungen aus dieser Zeit lassen sich kaum in Worte fassen. Heute bin ich Gott dankbar, daß ich sie machen durfte. Ich war traurig und geborgen zugleich. Ich erlebte ganz praktisch, was Jesus meinte, als er sagte: »Kommt her zu mir alle, die ihr mühselig und beladen seid, ich will euch erquicken.« (Matthäus 11,28)

Tatsächlich, in der Not erlebte ich Freude an Gott.

Heute weiß ich, daß es so das Beste war. Kerstin und ich entwickelten uns sehr unterschiedlich. Sie ist verheiratet und hat inzwischen ein Kind. Ich dagegen habe so viel nachzuholen: Schule, Ausbildung, Mitarbeit in der Gemeinde, Zivildienst, und, und, und ...

Viele meiner Vorstellungen zerplatzten während meiner Therapiezeit. Fast alles kam anders. Drei Monate Therapie erwartete ich höchstens; es wurden elf, mit anschließender Nachsorge. Direkt nach der Therapie wollte ich entweder das Abitur nachmachen und Journalismus oder Literatur studieren, oder auf eine Bibelschule gehen, um Evangelist zu werden. Doch eines Tages wurde mir klar, daß ich zunächst meine Ausbildung abschließen sollte. Zum erstenmal in meinem Leben würde ich damit etwas Begonnenes zu Ende führen! Ich war ein Jahr auf einer Fachschule für Sozialpädagogik und machte mein Anerkennungsjahr. Zur Bibelschule werde ich wahrscheinlich nach Ausbildung und Zivildienst gehen.

Einer der Mitarbeiter zitierte eines Morgens in der Andacht Dietrich Bonhoeffer; der Satz ist so etwas wie die Überschrift über meine Therapiezeit:

»Nicht alle unsere Wünsche,
aber alle seine Verheißungen erfüllt Gott.«

Gott hat sich nicht gescheut, in meinem Dreck zu knien.
Obwohl ich ihn lange Zeit mit Füßen getreten habe.
Er wird auch dich nicht liegen lassen.
Gott liebt uns, er will helfen, wenn wir seine Hilfe wollen.

»So sehr hat Gott die Welt geliebt, daß er seinen einzigen Sohn gab, auf daß alle, die an ihn glauben, nicht verloren gehen, sondern das ewige Leben haben.« (Johannes 3,16)

Leben als Christ

Im April 1988 war die Therapie zu Ende, Teil zwei meines Lebens als Christ begann.

Ich war erstaunt darüber, wieviel Gott in meinem Leben geheilt hatte. Besonders bei einem Besuch zu Hause merkte ich den Unterschied und erkannte, wie kaputt ich gewesen war. Aber jetzt waren diese Wunden versorgt und geschlossen.

In vielen Bereichen merkte ich, wie Gott meine »Ecken«

immer mehr abrundet: Oft urteile ich über Menschen oder Situationen voreilig und muß bei näherem Kennenlernen zugeben, daß ich mich getäuscht habe.

Zwischen Therapie und Schulbeginn lagen fünf Monate. Um Geld zu verdienen und Schulden abzuzahlen, jobbte ich im Tiefbau. Gottes Führung schien klar zu sein, und ich klotzte rein wie noch nie in meinem Leben. Mensch, war ich kaputt! Nach knapp drei Wochen wurde ich entlassen. Das war ein Schock! Jetzt, wo ich endlich richtig arbeiten wollte . . . »Keine Aufträge« hieß es. Hintenrum drang eine andere Version an mein Ohr: Ich hätte zu viele Bibeln verteilt.

Ich betete: »Herr, was soll jetzt werden? Bitte schenke mir eine neue Arbeitsstelle.«

Vier Tage später begann ich in einer Steinmetzfirma. Mit einem Maurer zusammen wollte ich auf dem Bau Fensterbänke und Ziersteine versetzen. Da konnte ich lernen, was Arbeit ist! Im ersten Monat machten wir zweihundertundsieben Stunden, plus eineinhalb Stunden Hin- und Rückfahrt zur Baustelle jeden Tag.

Der Kontrast zwischen Missionswerk und Baualltag war kraß: »Mit Aids geht's. Haste keens, kriegste meens.« Das ist einer von den harmloseren Sprüchen.

Wenn sie erfuhren, daß ich Christ war (was meist nicht lange dauerte, weil sie nach meiner Vergangenheit fragten), wurde gespottet: »Da darfste ja gar nichts. Nicht rauchen, nicht saufen, keine Weiber – ist doch stinklangweilig.« Meine Erklärungsversuche waren sinnlos.

Wenn jemand nach meiner Spielsucht fragte und wissen wollte, ob ich »drüber weg« sei, mußte ich richtig umdenken. Ich hatte mein eigenes, gescheitertes Leben nicht mehr vor Augen. Gott hatte mir so viel geschenkt! Vielmehr sah ich die Nöte und Probleme anderer. Ich überlegte und betete, wie ich ihnen helfen könnte.

Das Verhältnis zu den Arbeitskollegen war unterschiedlich. Einer mied mich völlig. Mit einem anderen verstand ich mich recht gut. Ihn störte nur, so sagte er, daß ich von Jesus redete. Einmal, er war total frustriert, kam er aber doch und fragte, ob ich nicht mit ihm beten könnte. Langsam, aber sicher, hatte ich meinen Platz erkämpft, stellte sich der Glaube an Jesus als interessant heraus.

Insgesamt ist mein Leben sehr beständig geworden. Ich gehe zur Schule, arbeite in einer Asylantenarbeit mit, gehe zur Gemeinde, in einen Jugendkreis, spiele Fußball, lerne Gitarre, alles regelmäßig. Ich mache soviel wie nie zuvor und bin doch ruhiger und ausgeglichener als früher.

Das Zusammensein mit anderen Christen in unserer Wohn- und Lebensgemeinschaft erlebe ich als großes Geschenk. Wir sprechen über unsere Erfahrungen, reiben uns aneinander, korrigieren uns gegenseitig, lernen voneinander, machen Quatsch zusammen, arbeiten gemeinsam.

Bei all dem gibt es auch immer wieder Rückschläge. Echte Niederlagen. Ich habe mir vorgenommen, morgens eine Stunde früher aufzustehen, in der Bibel zu lesen und zu beten. Oft gelingt das nicht.

Meine Phantasie geht durch, längst vergessen geglaubte Bilder aus Filmen, besonders Pornos, steigen auf. Ich hänge mich voll da rein und fühle mich hinterher unendlich schmutzig vor Gott.

Wenn ich wieder arrogant war, wieder nur auf mich gesehen habe, nicht auf den anderen, zum einunddreißigsten Mal in der gleichen Woche, dann habe ich plötzlich Angst, damit wieder zu Gott zu kommen. Ich kann ihn doch nicht dauernd für dasselbe um Vergebung bitten ...

Aber ich lerne Gott kennen. Ich lerne, daß er mich sündigen Menschen gebrauchen und verändern will. Ich lerne, wenn mich Zweifel plagen (»Ich kann doch nichts!«), wie klein ich bin und wie angewiesen auf Gott. Aber bei all dem zeigt sich Gott immer wieder als der liebende Vater, wie beim Verlorenen Sohn. Er wartet mit offenen Armen.

Christenleben

Friede, Freude, Eierkuchen –
Pustekuchen,
denk nicht dran.

Auch dem Christ
scheint tags die Sonne,
nachts der Mond.

Auch als Christ
wirst du im Leben
von Problemen nicht verschont.

Doch da ist Jesus,
er geht mit dir,
er hat dich lieb.

Anhang:

Zur »Arbeitsgemeinschaft Christlicher Lebenshilfen« (ACL)

zählen sich Therapie- und Seelsorgestätten, in Deutschland, Schweiz und Österreich, die bewußt christlich geführt sind. Das Wort Gottes, die frohe Botschaft von der Erlösung des verlorenen Menschen durch Jesus Christus steht bei ihnen im Mittelpunkt der Therapie, die sie Drogenabhängigen, psychisch Kranken, Alkoholgebundenen, okkult Belasteten oder mit sonstigen Problemen behafteten Menschen anbieten. Dieses Angebot richtet sich bei den in der nachfolgenden Liste aufgeführten Werken überwiegend an Jugendliche.

Die ACL ist keine »Dachorganisation« mit Weisungsbefugnissen für die angeschlossenen Werke. Im Gegenteil: die einzelnen Häuser arbeiten selbständig und haben auch unterschiedliche geistliche Prägungen. Alle arbeiten bewußt auf der Grundlage der Bibel, ihre Mitarbeiter sind Menschen, die selbst unter der Führung des Herrn Jesus leben.

Sie haben sich in der ACL zusammengeschlossen, um in zweimal jährlich stattfindenden Kontakt-Tagungen Erfahrungen auszutauschen über geistliche, organisatorische, wirtschaftliche, juristische und fachliche Fragen.

Einige der Werke haben mehrere Häuser. In dieser Liste geben wir nur die Anschrift der Verwaltung an. Wenn Sie mehr über die einzelnen Therapiestätten erfahren möchten, wenden Sie sich bitte direkt an die angegebenen Adressen. Dort bekommen Sie auch weitere dieser Listen. Eine Vermittlung von Hilfesuchenden aus Deutschland in andere Länder ist rechtlich nicht möglich.

Dieser Text sowie die nachfolgenden Listen sind einem Informationsblatt der ACL-Geschäftsstelle entnommen. Dort sind weitere Exemplare erhältlich:

»Hoffnung für Dich«
Ludwigstraße 42
6300 Gießen

Rehabilitationszentren der ACL in Deutschland
(Arbeitsgemeinschaft christlicher Lebenshilfen)
Stand: Juni 1988

nach PLZ geordnet	Anschrift	Name des Hauses
1000 Berlin 51	Rütlistraße 18	Teen Challenge Haus
2000 Hamburg 55	Godeffroystraße 9	Lebenswende, Haus Dynamis
2116 Asendorf	Salemsweg 100	Landheim Salem
2800 Bremen 1	Ottostraße 128a	Jesus-Zentrum
2808 Syke-Ristedt	Im Dammsohr 2	Jesus-Zentrum
3000 Hannover 1	Steintorfeldstr. 11	Neues Land Wohngemeinschaften
3030 Walsrode 11	Tiefe Wiese 37	Therapiezentrum Krelingen
3057 Neustadt 1	Wiesenstr. 17	Haus der Gnade
3308 Glentorf	Zum Schuntertal 11	Projekt Kaffeetwete 3
3333 Büddenstedt 2	Schwalbenweg 8	Lebenszentrum Reinsdorf
3500 Kassel 42	Töpfenhofweg 30	EC-Seelsorgezentrum
3509 Malsfeld-Beiseförth	Mühlenstraße 21	Gruppe Hoffnungsquelle
3563 Dautphetal	Buchenau	help center e.V.
3583 Wabern 5	Schloß Falkenberg	Hoffnung für Dich
4173 Kerken 1	Hoog-Poelycker-Straße 2	Christl. Lebensgemeinschaft Eickmannshof
4182 Uedem	Am Roten Berg 3	Berghof Bethanien
5232 Ziegenhain	Hauptstraße 14	Wasser des Lebens e.V.

A = Alkohol
D = Drogen
St = Strafentlassene
§35 = § 35/36 BTMG,
    Therapie statt Strafe
M = Mehrfachabhängigkeit
S = Soziale Probleme

P = Psychische Probleme
J = Jugendsekten
V = Vorbeugende Maßnahmen vorwiegend
    für Kinder aus Problemfamilien
Stufe 1 = Therapievorbereitung
Stufe 2 = Intensivbetreuung
Stufe 3 = Nachsorgebetreuung

Telefon	Stufe	Gefährdung	männl.	weibl.	Ehepaare	Altersgrenze
030/4565565	1	D A M St	3	1	1	18–30
040/869844	2	D A St M S §35	4	3	–	18–30
04183/2233	2+3	S	–	10		18–30
0421/558687	3	P S	3	3	ja	bis 30
04242/70345	2	P S	3	3		bis 30
0511/319715	1+2+3	M D §35	14	3	ja	bis 35
05167/296	2+3	P D S §35	40	–		bis 30
05032/1324	2+3	D A M	7	3	–	18–35
05365/2302	2	M D §35	10	ja (nur m. Kind)	ja (evtl. mit Kind)	18–35
05352/7015	2+3	P S	–	12	–	keine (ab 16)
0561/42056	2	D P	4	4	–	16–30
05664/8093	2+3	alles	2	2	–	keine
06466/7550	2+3	alles*	15	15	ja	bis 25
05683/8041	2+3	alles	8	4	–	18–30
02831/88143	3	M D A	2	3	–	16–30
02825/1464	2	P St	4	3	–	18–30
02685/7297	2+3	A D S	3 oder 3		ja	bis 30

* help center e.V. bietet im „Haus des Lebens" auch Hilfe bei Schwangerschaften. Bitte Näheres unter 06466/7550 erfragen.

nach PLZ geordnet	Anschrift	Name des Hauses
5277 Marienheide	Grunewalder Str. 8	Initiative Sebulon
5330 Königs- winter 21	Burg Niederbach	Haus Maranatha
5545 Auw	Altes Kloster	Christliche Jugendhilfe Eifel
5620 Velbert- Langenberg	Hordtstraße 20	Wendepunkt e.V., Hordthaus
5880 Lüdenscheid	Bahnhofstraße 22	Haus Wiedenhof
6000 Frankfurt 1	Wolfsgangstraße 14	Lebenswende
6257 Hünfelden 7	Camberger Str. 25	Teen Challenge Großfamilie
6473 Gedern 1	Weningser Str. 51	Christliches Lebenszentrum Birkenhof
6900 Heidelberg 1	Bergheimer Str. 133	Jugendzentrum Neues Leben
7119 Metzdorf	Schlößle	Teen Challenge Stuttgart
7800 Freiburg- Opfingen	Oberer Weg 11	Teen Challenge Neuer Weg
8313 Vilsbiburg	Schnedenhaar- bach 73	Teen Challenge Gutes Land
8319 Velden/Vils	Obervilslern 61	Teen Challenge Farm
8531 Dachsbach- Rauschenberg	Bergstraße 1-3	Hort der Hoffnung
8960 Kempten	An der Stadt- mauer 10	Neues Land
8999 Scheidegg	Allmannsried 179½	Haus Weizenkorn

Telefon	Stufe	Gefährdung	männl.	weibl.	Ehepaare	Altersgrenze
02264/8157	1+2	P S St J	5	5	–	keine
02244/4502	2	P A M D	3	3	–	18–30
06552/5208	2	D A St J	6	4	ja	18–25
02052/4079	2+3	P	10	10	–	keine
02351/21625	2	D	3	3	3	keine
069/556213	2+3	D A St M S §35	10	1	–	18–30
06438/3390	2+3	VPDM	–	7	–	14–25
06045/2729	2	P J	5	5	–	18–35
06221/12350	2	D A P	7	7	–	15–30
07947/7744	2	D A M	–	10	–	18–30
07664/5682	3	DA	–	4	–	18–30
08741/1711	1+3	D A M S	4	2	ja	18–40
08742/8067	2	D A M §35	15	–	1	18–40
09163/8135	2	A	12	–	ja	keine
0831/27913	2+3	P St S	1	2	–	18–35
08381/6684	2+3	P J	4	6	–	18–30